目錄

推薦序

入行篇

團隊篇

學生篇

家長篇

推薦序

張校長的同理心

在香港教育界，張勇邦校長這個名字，無疑是耳熟能詳的。張校長從事教育工作數十年，是位傑出的領導者。多年來，他曾被委以重任，擔任許多與教育有關的協會和委員會的主席。由此可見，不僅在聖公會學校，在香港教育界中他都是受人尊敬的。

在我們面前的是張校長的新書《穿越堅 離 地教育》，書中收集了他畢生的教育經驗。這些校園點滴展示了他的教育理念：要有同理心，但亦要有原則；樂意傾聽，亦樂意發聲；視校監、教師和家長為夥伴，攜手為學生的福祉服務。

張校長提及的其中一點，相信讀者印象尤深。他提到教育的最終目的是為了服務學生的需要，為他們指明人生的道路。從探訪一名在街市工作的家長，到與聖雅各福羣會合力解決山泥傾瀉，導致課室不能使用的危機，我們都能看到他為學生提供更好的學習環境而努力。

對於甚麼是「好」，他不會把自己的想法強加於人：儘管在重要的事情上堅持原則，他總是以同理心的原則為出發點。

在張校長所有的教育生涯中，這種「同理心」反覆出現。他在中學時代在柴灣當義工，了解到學生的家庭環境對他們的行為和態度有很大的影響。到他第一次擔任校長時，他的校監也同樣以同理心對待他，理解他除了校長的日常工作，還得監督學校的重建工程。

也許正因如此，我們才能夠在張校長的許多回憶中看到「同理心」的影子。他明白每個人都是上主所愛的，都值得被理解。如果教育者的角色是引導他人了解這個世界，那麼教育者首先要做的，就是去了解他人。

我希望這本書能夠啓發大家！從每篇文章，我們看到一個對教育理想執著追求的人。面對成績不佳的孩子，張校長以理解和同情的態度介入。面對 TSA 風波等教育問題，他為學生的利益勇於發聲。當面對各種危機，他將自己的信任寄託在聖公會這個大家庭上。

但願我們能夠從這位備受稱頌的教育家身上學到一二，當我們被召去服務他人時，也能夠有同理心、勇氣和對上帝的信任，服侍身邊有需要的人。

陳謳明大主教

香港聖公會教省主教長

推薦序

張校長的務實熱誠

我從事教育工作多年，和不同的教育團體都有交往。我便是在資助小學校長會的活動中認識張校長，從此大家便熟落了，現在我們還成為了同事。

張校長雖然在校長職位退了下來，但他的人脈關係、業界智慧及經驗，都能夠為教育大學的發展作出貢獻。一方面他代表香港教育大學向全港學校推展價值觀教育，另一方面，憑藉在教育界多年的耕耘及交往，他妥善安排教育大學學生到不同的學校實習，讓他們獲得寶貴的實戰經驗。

張校長是位敢言，肯為業界發聲的校長，在鏡頭面前也從不畏懼表達自己的看法。他不會用高言大智，排山倒海的方式提出意見。相反其見解往往是務實的，能夠兼顧不同的觀點和角度，讓有關方面願意聆聽，並容易落實推行。這種能夠拿捏到各持分者平衡點的務實態度，實在並不容易。

這本《穿越堅 離 地教育》的新書，正是對教育事業極度熱誠的張校長，把他的親身體會、所見所聞和做人處事的點滴寫下來。閱讀他怎樣用體育課引領學生實地上了德育課、對待學生如子侄的關愛，到校長崗位傳承的心路歷程，在在均顯示他對身邊發生的事觀察入微。

讀者在細味和解讀張校長這數十年來所想、所見、所聞的故事時，少不免受制於當下的環境及時代。畢竟今天的學生和以前的不同了、彼此的角色以及和學校的互動方式也不一樣。不過，不同讀者看同一個故事，都可以和作者對話，甚至能夠有自己的反思空間，這正是讀人物故事的寶貴和有價值之處。

李子建教授

香港教育大學課程與教學講座教授

香港教育大學宗教與心靈教育中心總監

推薦序

張校長的無形力量

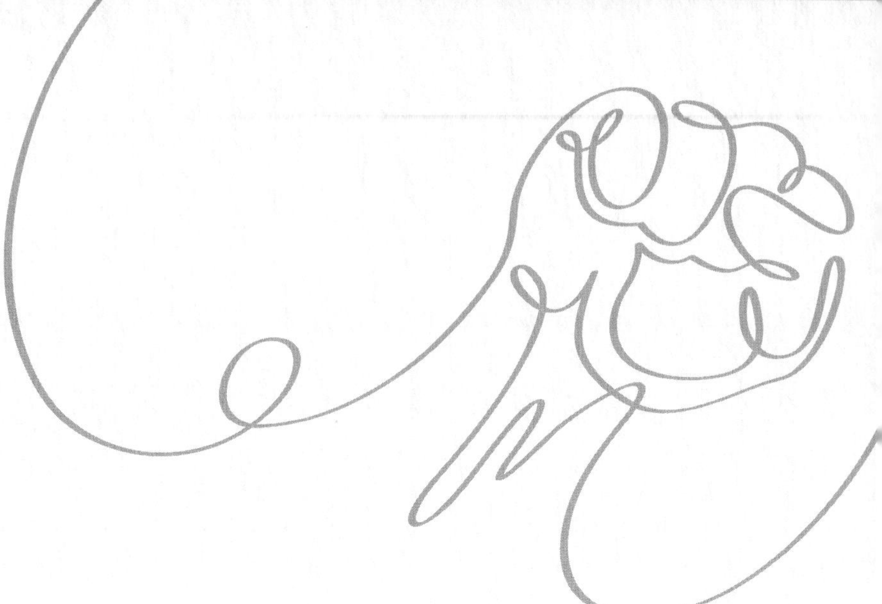

我是聖公會聖雅各小學 1972 年第十屆的畢業生，有機會為張校長這本新書《穿越堅 離 地教育》寫序，既特別又榮幸。

二十年前一天我接到張校長的電話，邀請我重遊舊地，在母校重建前回去參觀。超過半個世紀再踏足這所位於堅尼地道，渡過六個年頭的校舍，我百感交集。讓我感受至深的，是當我走進禮堂時，高高掛在牆上的校訓：「非以役人，乃役於人」，這句校訓成為了我三十多年公務生涯中的座右銘。

張校長之後邀請我出席了學校的畢業禮，並致辭鼓勵一眾師弟師妹。當然在之前三年多疫情期間，我們有更多機會接觸，他曾多次邀請我向學生、家長及教育團體講解注射疫苗的情況。他退休前，更邀請我加入聖雅各小學校董會。

接觸張校長多年，我發現他不但是位盡忠職守的校長，還十分熱心社會服務。我們都是康文署社區體育事務委員會的委員，經常開會碰面。從書中多篇提及他服務社會的文章，可以窺見他的熱情，這是我十分欣賞的。

書中更洋溢著張校長對學生、家長、同事以至教育界的無私奉獻，看到他全心全意把工作做到最好，這不正是基督精神所要求的嗎 ？

讓我身同感受的是，書中述説張校長和校監、校董、老師、不同教育團體的關係。讀者或許未必有同樣的經歷，但我們不都是有上司、下屬和合作夥伴嗎？不論在哪個崗位，不都是要團結團隊才能把事情做好嗎？從書中看到他怎樣努力「織網」，打通內外經脈，發揮影響力，是職場上的典範。

記得《聖經》中説：「人種的是甚麼，收的也是甚麼」。書中看到張校長在方方面面都充滿人文關懷，助人之心無處不在，這其實是個很強大的「無形力量」。他在教育界「積福行善」四十多年，換來是得著無數人的祝福。我誠意推薦這本書，希望讀者也能夠從書中感染到、學習到他積極的奉獻精神。

梁柏賢醫生

醫院管理局前行政總裁

聖公會聖雅各小學校董

推薦序

張校長的武林秘笈

時代不同了。

以前，老師是無上權威，校長更是。所以學生和家長都尊敬老師，敬重校長。但這些年卻聽到不少校長如老師面對新任務的難處，都是因為不懂得如何面對家長的投訴或校本的行政人事等等。特別是新上任的校長們，更聽了他們不少苦水。當時心想，如果有一位前輩作引路明燈，就可以助這些「學校生力軍」一臂之力。

也許因緣際會，或是上主的安排，當那天聽到認識多年的張勇邦校長快退休了，我就大力鼓勵他把所見所聞所思寫下來出書。因為張校長是我認識的校長中，滿有愛心與睿智的教育家。現在喜見這本《穿越堅 離 地教育》出版，實在為他雀躍高興。

誠如校長引述愛爾蘭詩人葉慈所言：「教育不是注滿一桶水，而是點燃一把火。」

這是一把關愛的火焰，所以我們會讀到學校的老師去探望一位患病的學生。

這是一把連結的火焰，所以會讀到校長提出家長老師是「手牽手的關係，而不是拳頭對拳頭」。

這也是一把薪火相傳的火焰，從前輩的校長如何提攜張校長，到今天他也繼承了提攜後輩的「精神火焰」，一旦看到合適的人選，便會回饋這份恩情，幫助和提攜有能力的年輕人。

不過我最難忘的，卻是學校家長們對一位失去母親的同學的關愛。話說當年這位同學參加了我的暑期寫作班，但卻出奇地沉默寡言，從不回應我的提問。直到最後一課，可以選擇自由題寫作，她突然像「開籠雀」般滔滔不絕，我給了她一個特別的進步獎，便問她：「等下媽媽來接你是嗎？我想跟她聊聊啊！」

她搖搖頭，說「不是」。原來接她下課的是另一位家長，也是關愛她的鄰居。從她口中聽到：「她的媽媽前一陣子去世了，我就代她送孩子上你的課！」

深深感謝這位家長，實踐了「愛鄰舍如同自己」的功課。也因為這樣，我對張校長跟他的團隊，還有家長們，留下難以磨滅的印象。

深願這本書的出版，可以祝福教育界的同仁，還有家長們，知道怎樣面對這一代孩子的喜怒哀憂，並從中擷取張校長面對人生歷練的武林秘笈啊！

羅乃萱

家庭發展基金總幹事

推薦序

張校長的智者足跡

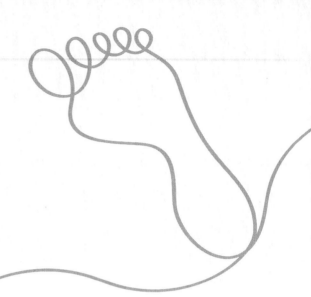

認識張勇邦校長多年，除了我們同在資助小學校長會共事，我們還是灣仔區小學校長會的成員。透過議會及不同活動，我們有很多合作的機會。

我剛參與資助小學校長會時，張校長已經在議會中擔任領導的角色。我有幸觀察、學習到他怎樣帶領學界，又如何和其他校長溝通。要拿捏每個議題的重點，平衡各方面的利益著實並不容易。

須知主領校長會的會議和在自己學校開會是兩碼子的事，但一直以來，他做得十分出色。或許他沒有收我為「徒弟」，但我卻把他視作「師傅」。

記得張校長出任校長會主席時，他經常就不同議題詢問我們的意見。我當時認為，他已經作了最好的決定，怎麼還詢問其他校長的意見呢 ？ 但當我們再提出一些看法時，他由衷的感謝我們，他説自己亦忽略了那些重點。到今天我接任主席，他這些謙遜、兼聽的辦事方式成為我學習的榜樣。

張校長在本書中，提及校長會為同工爭取提高專業待遇一事。這亦是我印象深刻的經歷，當時在他帶領下校長會組成了「四人組」，集中精力出謀獻策為業界爭取福利。我們四人並肩作戰，形同「戰友」。那個「戰役」讓我獲益良多，讓我之後能夠把這些寶貴的經歷，回饋到領導自己學校身上。

書中提及很多他參與教育界公職事件中的反思，例如應否廢除 TSA (全港性系統評估) 等。這些議題很多並非能夠簡單以黑白對錯作判斷，坦白説，有些事件甚至還在校長議會上有過激烈的討論。

現在由他親筆寫下來，再反思當時他的決定，相信不同人看罷會「嗒出」不同的味道。但不論你站在那一方，從這些爭議事件中，都會看到張校長冷靜而睿智的領導才華。

對我感受至深的，是張校長在書中提及的傳承理念。他在退休前三年交出校長會主席一職。我很欣賞他思考交棒的時機是那麼的無私，是以學界的利益，以會務的大局為重。

細閱本書不但窺見張校長數十年在教育界所見所聞，更能夠看到他做人做事的價值觀、管理學校、同工的哲學。可以説，無論你來自哪一行，哪個崗位都值得一看，總會發掘到可以借鏡的智慧。我誠意推薦這本書。

鍾麗金校長

香港資助小學校長會主席

體育科給我的「警覺」及「視覺」

相信很多學生在體育課裡都學過跳彈床，現在的彈床周邊都鋪上棉軟墊，覆蓋著拉緊彈床的彈簧，作為安全設施。但四十多年前彈床的安全裝置和現在的相去甚遠，亦因為安全設施不足，導致發生了一個「血肉橫飛」的場面，至今仍在我腦海中揮之不去！

「運動意外」的回憶

我 1981 年入讀柏立基教育學院，期間體育科同學被安排練習跳彈床，舊式彈床四邊會露出提供彈力和承托彈網的彈簧，彈簧的勾雖然談不上鋒利，若然下墜的身體碰到這些勾，損傷程度仍非同小可。在保護棉墊欠奉的情況下，意外終於發生了。

當時一位同學在跳彈床時不小心「叉錯腳」，由腳跟到膝頭位置的大腿肌肉被彈簧勾割開，血流如注。目睹慘劇的同學在剎那間嚇呆了，受傷的學生大叫「救命啊」時，大家的意識才重新與世界接軌，感到大事不妙，連忙叫救護車把學生送院急救。

每每回想起這件事，我的胃都會抽一抽。別以為這是唯一一次我遇到的「運動意外」！

另一次體育講師教我們擲鐵餅，站在我前頭的同學手拿鐵餅向後伸展，準備大力拋出時，鐵餅突然由他手指尾的位置向後甩了出來，我嚇了一跳，幸好當時我專注場內的訓練，來得及反應才「逃過一劫」。

這些「意外」讓我警覺到，上體育課時，除了學生要專注，體育老師亦必須以學生的安全為首要目的，更要全面評估風險。要知道體育活動存在一定程度的危險，但都不應「斬腳趾避沙蟲」，反而要更細心研究防範方案，以正面的態度處理。

後來成為校長，要負責更重要的決策事務，這個安全至上的警覺更大派用場。例如在聖雅各小學新校舍落成時，我發現樓梯的扶手柄是尖角的，這對學生安全構成極大威脅，所以要求承建商把扶手柄重新打磨成圓角。

「開門七件事」獨欠一件事

回想自己入讀柏立基教育學院，真的要感謝一位好朋友，因為他大力游說我做體育老師，理由是這個職業穩定，而且體育老師更容易「搵工」。我接納了他的意見，加上自己從小已經喜歡「通山跑」，所以便考進教育學院主修體育，副修地理及經濟與公共事務，從此「誤落塵網中」，奉獻給教育事業四十年。

初入職時，我帶領聖雅各小學的籃球隊南征北伐

當年教育學院的體育科，學生要完成「開門七件事」，分別是：籃、足、排、乒乓、羽、游泳、田徑。相信我是為數不多的例外，只帶著「六件事」畢業的學生。

原因是我這個愛「通山跑」的調皮仔，自幼已經患有鼻敏感，游泳後鼻子往往有好一段時間不舒適，要練好游泳這科是難於登天，更別提要通過拯溺考試。在這「先天」因素影響下，我唯有欠缺「一件事」畢業。幸好當年由於資源所限，很多小學當時並沒有游泳課，對我找工作的影響不大。

支持同事的「看台高位」

回顧三年體育科的學習，當年體育系系主任的一番説話我仍謹記心中：「如果你係體育科主任，喺學校運動會嗰日，應該坐喺看台最高嘅位置，睇住全場嘅一舉一動，預先安排好人手，有事發生向你滙報，你隨時應變作出支援。」

系主任這個教誨到我出任校長之後仍極之受用，那段話當然並非鼓勵老師「卸膊」。他想指出的是，作為領導，要在活動之前安排好一切流程、分工，更要和同事討論各項細節。活動開始後，領導要宏觀地去觀察並支援同事。

往往當局者迷，領導要懂得抽離審視，才能在發生任何事時都能夠冷靜應對。而主修體育，成就了我的組織力，冷靜性格，以致宏觀視野，作出正確的決定。

團隊篇

「牙尖」與「嘴利」的四十年情誼

友誼的寶貴，不一定是無時無刻的陪伴。而是當你遇上困難，有人會體諒你、明白你、支持你。這樣的情誼可能並不轟烈，但卻是細水長流終伴一生。何啟安校長正是這樣的朋友，交往接近四十年從未失聯，可以說是「識於微時」的知心好友。

「相依為命」的教學生涯

緣分的開始，源於張浩然校長面試時的一句話：「入咗聖雅各小學，同何啟安老師一齊拍擋搞童軍吧！」

我們是同屆的教育學院畢業生，我就讀於柏立基教育學院，他入讀羅富國教育學院。機緣巧合下，大家都加入了聖雅各小學任教下午校。八十年代初小學男教師比例較少，我們可以算是一入行便「相依為命」。

何啟安主修英文，但學校竟安排他教體育科，我們意外地成為了「同科老師」！原來當年制度上比較寬鬆，只要曾經接觸過相關科目就可以任教。正如我在英文中學畢業，就讀的「柏師」又用英文授課，故此我也被安排教英文科，科科都要教是當時對小學老師的基本要求。

在校園生活裡，我們亦常有接觸。早上不時一起打羽毛球，運動運動。午飯一人化身「牙尖」，一人化身「嘴利」，你一句我一句「互窒」開對方玩笑，大事、小事、無聊事都可以唇槍舌劍「拗一餐」，引得吃著「聖雅各營養餐」的同事們笑不攏嘴。

由「阿sir」到「大哥哥領袖」

我們會建立如此深厚的友情，離不開合辦童軍時的相處。當初我們合作時，都只是接觸過中學的童軍訓練，未掌握怎樣籌辦小學幼童軍，初期帶隊宛如摸著石頭過河，走一步算一步。而印象最深刻的挑戰，是如何克服身分上的轉變。

帶領幼童軍有別於一般授課。童軍訓練講求紀律，這跟管理課室秩序尚且差不多。但童軍特別之處，在於導師需要帶隊走出校園，和幼童軍一起體驗生活。

這時我們要展現出嚴師的另一面，和幼童軍玩「騎膊馬」、枕頭大戰，不再是課室裡的「阿sir」，要變成「大哥哥領袖」，如果你一臉嚴肅，無法放下老師的身分，幼童軍如何投入？生活營怎會好玩？

這種雙重身分的交替確實不容易，既要擔任大哥哥的角色，建立起朋輩的關係。回到學校，又要使他們「識分寸」，懂得尊重你。

而整個過程，感恩有何啟安這位好夥伴一起「夾計」。憑著我們默契的配合，以及相近的教育價值觀，不但讓幼童軍學會人與人之間的溝通相處，還與這班「童軍仔」建立出超乎師生的情誼，部分至今還會如朋友般相約敘舊。

互相體諒補位的情誼

我與何啟安合作帶領幼童軍十多年，這段時間除了累積許多愉快的回憶，更重要是換來互相體諒的情誼。

當年何啟安的身體不太好，三日兩夜的生活營，他最多只能「捱」一晚。而我恰恰相反，無論是性格和體質都可以承擔較長時間。因此我會在他缺席生活營的時「補位」，主持營中的大小事務。

然而我只懂得煎雞蛋、香腸，最多確保「餓你唔死」。而何啟安卻是位隱世大廚，廚藝了得，往往為幼童軍的伙食增添不少色彩。

因此「金無足赤，人無完人」，與志同道合的人相處，無需過於計較得失，反而從「體諒」裡磨合。而這種觀念不只是在朋友間，對待任何人、事、物都要保持有容乃大的心胸，願意放下自己與人溝通配合，這樣許多問題都可以迎刃而解。

我與何啟安 (右) 帶領幼童軍時和兩名童軍合照

困境中的自助、人助

在多年的教育生涯中，我遇過不同性格的老師及學生，又遇過許多風格各異的家長，以及許許多多激盪人心的事情，當然也遇過很多挑戰。每個困難和挑戰都有其意義，能夠為我們帶來學習的機會。可惜的是，並非所有挑戰的源起都那樣正面，有些甚至帶來不愉快的回憶。

至今仍是個謎！

重建堅尼地道的校園時，我們搬到銅鑼灣的臨時校舍繼續上課。就在一個黑色暴雨的日子裡，發生了一件讓我和許多同事至今都無法忘懷的悲劇。一位同工在家中墜樓身亡。

事情的緣由到現在都未清楚原因，到底是意外還是有其他因素？事情發生後我想了很久，是否和我們在臨時校舍工作時，由於校舍較細，教師休息室被迫分割成幾個小教師休息室，同工之間相對較之前「分離」，彼此交流和互相支持的機會減少了有關呢？

我們的做法是，在黑色暴雨警告解除後，如果兩小時後還未到下班時間，行政和文職人員就要回到學校辦公。我不知道這個政策是否給同事帶來壓力，這樣做當然不是針對他們，只是為翌日正常復課做準備。

急需大量輔導人手

我是個比較冷靜的人，遇到突發事件雖然也會有情緒起伏，但還是能夠理性思考，再處理事情。在手機收到這個消息後，我深呼吸，為這位剛離世的同事，為要面對及處理的事情祈禱、交託給上帝。

定下來後，我馬上通知了校監、辦學團體、教育局和家教會。隨即召開學校的危機處理小組會議，帶著極為震驚和沉重的心情面對接下來的難關。

這個悲劇對逝者身邊人，對師生都是無法接受的，於是我們著手準備輔導工作，但是發現人手並不足夠。這時，我知道急需要他人的幫助。

在消息傳出後，一些曾經和我們合作過的夥伴毫不猶豫伸出援手，例如聖公會、聖雅各福群會、保良局和教育局的心理學家們。我們的輔導人手大大增加，甚至很多相關的專業人士都加入幫忙，讓我們既感動，又感恩。

做好準備解答疑問

在這艱難的時刻，我其中的重要工作就是「觀察」和「分工」。我要觀察同事們在事件發生後的情緒反應，心情受影響的程度，然後根據這些觀察分配最合適的工作，讓事情做得既有效率，傷害性亦減至最小。例如我按實際情況，增派了老師巡視每層樓，讓各師生的需求能得到及時的幫助。

確保了學生和老師的心理健康之後，我們還要顧及家長的疑問和擔憂，雖然學校發了通告給學生帶回家，但其實家長早已經知悉了事件，所以學校準備了在他們接子女放學時，盡可能回答他們的問題。

不單只面對家長的關注，在保護當事人的私隱下，我們亦可能要面對傳媒的詢問。避免混亂，我們準備好一個房間給媒體作採訪之用。事情沒有預計中的那樣熱度高，但這已經並不重要了。我們只是知道若有媒體到來了解，我們已經做好準備。

任何人都不希望這類悲劇發生，發生了亦不一定是誰人造成的錯。但既然發生了，就不要逃避，與其讓外界揣測，儘量以開放透明的態度去處理和交代，消除疑問。

在這件事情上，我最大的一個感想就是我經常虛心求助。人經歷多了，遇到各種各樣的人和事，發現別人認識很多自己不熟悉的東西，自己有很多的限制。自助的同時還要持開放心態讓別人幫助，兩者都是難得的學習機會。

團隊篇

無私陪伴的關愛精神

罹患癌症不是成年人的專利，聖雅各小學重建完成，2013 年由銅鑼灣臨時校舍搬回堅尼地道不久，便發生了一件令人十分難過的事情。一位三年級學生不幸因為癌病去世。學校的老師和熟悉她的同學都很傷心，惋惜生命的脆弱，感嘆病魔無情，如此輕易就帶走了一個小朋友的生命。

老師們的同行和陪伴

我記得這位學生患病期間，我們學校的老師都非常貼心，儘量抽時間探望她，鼓勵她、關心她，期望在她生命的最後時刻，仍然有我們的同行陪伴。

她居住在田灣，由於父親經常要往返內地和香港工作，無法常常在身邊照顧她。所以學生平日的起居飲食，以至進出醫院進行化療，都是由她母親獨力承擔。

為了減輕學生母親的辛勞，老師們經常自發到田灣探望她們一家，又接送學生到醫院治療。讓我很感動的，是我們的圖書館主任一天探望她時，發覺她們家裡的洗手盆壞了，他便下樓買零件親力親為幫她們修理好。大家都透過無微不至的關懷和付出，減輕學生母親的照顧壓力。

實踐信仰的關愛精神

記得有次，我駕車和宗教科主任到醫院接學生和她母親回家。那天我難得看到她精神奕奕，離開醫院時「彈下、彈下」般走路，宛如正常活潑的小朋友！

我察覺到她這麼精神，便把握機會邀請她們母女倆一起到赤柱吃大餐。一路上，她都很開心，車廂裡滿是她的笑聲。那天我和她們拍了很多照片，把這美好時光記錄下來，至今仍有不捨之情。

回想起來，真是要感謝一班無私奉獻的老師。常言道：「久病床前無孝子」，面對長期病患者，無論子女、父母在照顧上也會有疲倦及厭煩的時候。但老師們不遺餘力，付出私人時間，發自內心，無條件的支援、關心處於患難的人。這不但是從事教育專業的好榜樣，更實踐出基督信仰所強調的關愛精神。

肯定「關愛校園」精神

在學生的安息禮後，我和老師們的內心才得以逐漸釋懷，我們知道已經盡了全力去幫助、陪伴她，相信她內心能夠感受到我們那分深深的愛。老師們無條件的愛，也獲得由香港基督教服務處主辦的「關愛校園獎勵計劃」的「關愛校園」榮譽，肯定我們老師的關愛行為。

這份「愛」，正是我們學校傳揚及實踐的基督信仰，任何人來到聖雅各小學，學生不單單是上學求知識，老師同事也不只求「打分工」，而是希望彼此好像家人般，不論你處於人生高峰或者低谷，大家都用愛互相扶持，從我們身上體驗到基督那分無私的愛。

團隊篇

優秀副手千金難求

奧斯卡影后楊紫瓊在哈佛法學院畢業典禮上，分享了三個人生建議，最後一個提到：「Find your people」。成功是透過合作而來，任何領導者不管多麼精明能幹，也不可能在所有事務上面面俱到，需要有可靠的「副手」相助，分擔管理和決策的重責，團隊前進的步伐才可以穩固。

日後合作的伏線

在聖雅各小學十八年的校長歷程中，陳建普副校長正是我的左膀右臂。不論路途如何崎嶇，她都堅持陪伴我到最後，可以說：「聖雅各小學有今天的成績，離不開陳副校長的功勞。」

說起如何認識陳副校，要追溯到讀師範學院時期，我們都是「柏師」同學，她是遲我一屆畢業的師妹。原本我們年級不同，在學校只能算是「hi-bye friend」。

但有一年暑假，體育系系主任安排我們一起在東區的康文署實習，開始在工作中真正認識對方。原來我們的居住地點和工作態度都十分契合，奠定日後合作的伏線。

「講笑」的寶貴教訓

我在聖雅各小學任職一年後，陳建普也申請入職，並被張浩然總校長聘用任教下午校。我們再次相遇，由同學變成同事。雖然她不久調往上午校，但是每逢全校性活動，我們都會合作籌備。

在這段共事時期，我逐漸發現原來我們雖然同是修讀體育，但性格上卻截然不同。我是執行能力強的「活動人」，她則是擅長整理文件的「課程人」，而且很有「性格」，堅守自己價值觀的女強人。

記得有次我向她開玩笑，她直接表示不悅，不理睬我一段時間。我自知理虧，「厚著面皮」道歉才重新和好。這件事後，我深知她重視原則，並且反省到自己與何啟安的「鬥嘴」相處模式，不是適用到所有人身上。

尤其在對待學生時，要清楚甚麼時候才可以透過「講笑」傳達親和力，這對我是寶貴的教訓。

「對事不對人」的爭辯、討論

2004 年回到聖雅各小學出任下午校校長，當時麥瑜璧總校長告訴我：「我做多一年就退休，到時你晉升上午校校長後就負責學校重建計劃。宜家上午校副校長有空缺，我唔升住，你到時自己揀拍擋啦。」

一直以來，我深知陳建普處理文件十分細心有條理，面對總校長的責任，我需要一位「大內主管」幫助我統籌學校的計劃及報告。一聽到麥校長的安排後，我第一個想到的副校長人選就是「課程人」陳建普。

在我的邀請以及信任下，陳建普成為了我的「副手」，而時間證明「佢冇令我跌眼鏡」。當時聖雅各小學正準備重建及合併上下午校，我時常要走出校園去宣傳重建工程的訊息，加上自己開始出任業界公職，校內不少事務都由陳建普承擔。

陳建普真是位稱職的副校長！在沉重的壓力下，她仍然能夠公正嚴謹處理校內事務，果斷推行校政。即使任內曾經大病一場，都未言放棄。

十八年的合作轉眼過去，我們經歷過無數的風風雨雨，即使期間難免因性格而產生分歧，但我們的爭辯、討論從來都是「對事不對人」，往往到最終都能共識到對學校最有利的決定。

羅馬不是一天建成，更不是憑一人建成，遇上一位優秀的副手委實是上帝給我的恩賜。

學生篇

呢場波「輸得抵啊！」

能否記得，在小學階段中最深刻的一堂課？相信要思考片刻吧。但對參加運動比賽的學生而言，可能很快便可以說過滔滔不絕。無論那是冠軍之戰，還是因為遇到特別事情而落敗的賽事。尤其是後者，或許這事件更是隊員銘記終生的一堂課。

「百厭仔」的「樂園」

教育學院畢業後，我加入聖公會聖雅各小學擔任體育老師。我教體育，自然成為學校部分校隊的教練，還要身兼課外活動老師和童軍導師之責。

在衆多不同的身份中，帶領學校籃球隊讓我有很深刻的記憶。在多年的教練生涯中，我體會到「體育不單單是傳授學生知識，有好的比賽成績，更重要是培養學生良好的體育精神，及正確的做人做事道理。」

當年學校籃球隊的實力不俗，有一屆球隊打入了學界賽事的四強，大家都很有信心問鼎冠軍。臨近四強賽的日子，我們都勤加操練，每天早上練體能，學校旁的那條「長命斜」成為隊員天然的練氣場所。放學後在校內球場練球技、戰術和合作，就連假期也沒有間斷。

當時入選籃球隊的學生，很多都被認為是「百厭仔」。但是加入球隊後，他們找到了自己的興趣，更在我「被老師投訴就唔准打波」的隊規下，「百厭仔」都紛紛改變。

一件始料不及的「意外」

正當大家密鑼緊鼓整裝待發時，發生了一件始料不及的「意外」，為全隊上了寶貴的一課。

當時我收到學生舉報，有位球隊的主力，在參觀太空館時取走了館裡商店的紀念品。這宗「偷竊」行為非同小可，我必須認真處理，不能讓學生建立錯誤的價值觀，亦不想影響校譽。我立即通知校長，繼而聯繫了警民關係組尋求意見。

體育運動往往是教導德育課程的好時機

學校在調查這件事後，得悉學生只是一時貪念，而且有真誠的悔意，學校施以適當及必須的懲罰後，將「取走」的物品交還太空館。

「錯就要罰，比賽第二」

跟著我便要面對更嚴峻的問題：「這名犯事的主力是否需要停賽？」坦白說，球隊能否挺過四強晉級決賽，他的重要性是無可置疑的。我當然不想主力缺陣，但我除了是球隊教練，更是訓導老師，比賽勝利是否就是一切？

於是我將這位同學犯錯的來龍去脈讓隊員知悉，並且詢問他們這位球員應否上陣，隊員經過一番討論後，一致贊成「錯就要罰，比賽第二」。

四強比賽在失去這名主力下敗下陣來，結果只能取得賽事的季軍。問我是否可惜？我會説：「可惜係必然啦！但係呢場波，隊員上到一世人都難以忘記嘅人生課，我覺得『輸得抵啊！』」。

結出美善生命的果子

籃球隊的經歷讓我與學生都獲益匪淺，但是讓我們打成一片的，更是日常的陪伴。

這個年代的學生，普遍的父母都需要長時間工作，每天和雙親一起的時間不多。而我身為校隊教練和課外活動老師，每日與學生共處的時間很長。

久而久之，我彷彿成為了他們的另一位「家長」，一些感情要好的更認了我為「契爺」，他們結婚前都會帶女朋友給我「過目」呢！

這讓我十分感動，因為由小學畢業，到他們長大成人，出社會工作至談婚論嫁，大多數都是十多二十年後的事。但是關係的建立不在於師生相遇的時間，而是老師能否讓學生感受到真正的陪伴及支持。以愛心澆灌下一代，才能結出美善生命的果子。

學生篇

用愛俘虜學生的心

如果你問我：「老師要如何教導學生？」我相信一百位老師會有一百種答案和教導風格，沒有一套既定的指引。不過方法千百樣，「愛」學生的心卻是所有老師的不二法門，唯有當與學生的生命連結，才可以因材施教地培養學生。

以同理心陪伴跨過難關

我比較體會、接納到年輕學生的行為、態度，是始於我讀中學時，已經在柴灣循道愛華村服務中心組織了義工團，參加各樣的服務。一班志同道合的年青人，為附近居住的學生籌辦各式各樣的日營及暑假活動，又探訪柴灣地區的基層居民，

上世紀七十年代末，柴灣被稱作「紅番區」，居住了不少貧困或單親家庭。在探訪中，我觀察到在這些家庭長大的學生，很多學業成績和紀律都欠佳。我切身走入他們的生活，耐心和他們傾談後便發現，他們有這種現象和行為，都離不開和原生家庭有關。

試想，如果學生在睡覺後雙親才工作回家，在長期缺乏父母的愛及家庭溫暖的環境中成長，怎樣建立到健康的價值觀呢？

這個經歷奠定了我日後從事教育工作時，對待不同學生需要有不同的態度。我更決心要突破既定的生活圈子，用心接觸有需要幫助的學生，理解他們的想法，以同理心陪伴他們跨過難關。

「問題」學生的「問題」？

我明白每個人都是獨特的，而那些所謂「有問題」的學生，只是普世價值所定義的「問題」。作為老師要破除這個盲點，深入地走入學生的生命，引導他們找出阻礙其發光發亮的絆腳石，讓他們發放出自己與眾不同的特質。所以我經常勉勵老師，不要判斷學生的價值，嘗試以開放的心懷接受他們的不同。

我深信每位學生都是寶藏，同樣有著獨特的潛力。舉例，學生的 IT 能力不是我們老一輩可以匹敵。當我還未弄明白甚麼是 AI 智能，社會人人已經談論「元宇宙」，完全將我難倒了。

現時越來越多年輕老師設計出五花八門的全新教學法：STEM 教育、混合學習、虛擬現實教學等。這些教學模式確實配合到現時社會的發展趨勢和學生興趣，但無論科技如何進步，教學法如何更迭，人與人之間情感的交流、關懷學生的情懷，都是教育行業歷久常新的內功心法。

和幼童軍團宿營時合照

「罰到佢識為止！」

為何說「情感交流」這麼重要？以現時廣泛談論的「特殊學習需要」(SEN) 為例，在我做老師的年代，沒有「特殊學習需要」這個名詞。所謂「特殊學習需要」的學生，在當年看來是「曳、懶、蠢」的學生。「過度活躍症」即是代表「曳、貪玩」、「讀寫障礙」即是代表「懶」；「智力障礙」是代表「蠢」。

那麼如何解決呢？就是以最快捷、最簡單的方法 ：「罰到佢識為止！」數十年後的今天，我們了解到這些學生的特殊需要，繼而一改以往的教育模式，對症下藥幫助學生有效學習。

德國教育家斯普朗格 (Edward Spranger) 曾說：「只有在愛的環境裡，教育才能成功，才能真正影響人的內心。當老師與學生相處時，愛的力量會透過互動和情感發出光芒！」

所以，再多的科學及新穎教學法，最後都離不開一個字「愛」。用「愛」默默陪伴學生，搭著他的肩膀，耐心聆聽及了解他們的心聲，才是不變的法寶。

一個三重身份的學生

人們常說老師是「人類靈魂的工程師」，我當然十分認同。不過不得不說，老師並不是單方面不停的給予，因為但凡涉及人與人的關係，講求的必定是雙向的連結，教育就更是如此。我在教育界耕耘了四十載，嘗過各種酸甜苦辣，現在我回頭看這條栽植桃李的路，仍然感到酸甜多於苦辣，又或在苦辣後嘗到回甘。

吸引老師眼球的學生

有這麼一個家長，每次他送女兒回到聖雅各小學時，碰到我時總會和我打個招呼，閒聊幾句，若有時間，我們甚至會相約喝杯茶互道近況。

我想就算多麼友善的家長，也很難與子女的校長樂融融到這般地步。説穿了，原來那是因為他並不是「普通」的家長，他是我們聖雅各小學的校友，而且還曾經是我的學生。

1984 年，我是下午校的老師，有分負責帶領學校的幼童軍。他是三年級學生，當時我和其他老師已經留意到，他有潛質成為優秀的童軍。

他吸引到我們的眼球有幾個原因：他很聰明，卻是聽話溫順，是個好孩子，而且運動細胞不俗。在我了解他的家庭背景時他向我説：「我阿爸同阿媽都喺深圳做嘢，我同阿公、阿婆以及舅父一齊住。」

不常穿著「正常」校服的學生

可能因為父母不在身邊，他的功課和家庭壓力比較小，學科成績一般，但體能和體育科成績很好。那時我心裡想，這孩子若能好好發揮潛能，相信在運動方面會取得成就。所以我除了讓他加入童軍，還鼓勵他參加田徑和籃球等項目。

那個年代和現在不一樣，家長比較放心把子女交給學校和老師照顧，即使是放學後參加課外活動，晚了回家也不是甚麼大問題。

記得當時從籃球訓練中發現他彈跳力很好，於是又訓練他跳高，並和他放學後單對單進行操練。他那時候大概身高一米五，小小的個子可以跳超過自己肩膀的高度很不簡單。果然，在他的努力下獲得全港跳高乙組冠軍！

除了經常要在學校參與各種體育訓練，他還要參加童軍活動。所以一個星期下來，他不是穿運動服便是穿童軍服回校，沒有一兩天是穿著「正常」校服的。在全校的學生中也是比較少見。

「延續」到下一代的學生

小學畢業後，我和他一直保持交往。記得在 2002 年我搬屋時，他還開著小貨車來幫我搬家的。一次他回廣東鄉間省親，返港後送我一籮荔枝及幾樽蜂蜜，這兩種食物不用親嚐也知道只有一種味道 —「甜」。

現在他已經成家立室，結婚晚宴上我自然是座上客。他的兩個可愛女兒，也和父親一樣回到聖雅各小學讀書。

看到他的兩名女兒，我萬分欣慰。認識他時我還是位年輕教師，我們像是大哥哥和弟弟的關係，其後我們成為了朋友。保持這麼多年的友誼已經難得，師生關係還能夠「延續」傳承到下一代，我只能夠用感恩來形容。

回想這些事情，我覺得雖然身為老師，但盡心教學是不夠的，老師的職責除了傳授知識，還有育人，這可能是更重要的任務。每個人都有自身的限制，但我們能夠做的是多找方法、多找契機，去關心、支持，和學生連結。

回說我這位學生「校友」家長，他當年也不是科科滿分的優異生。但他現在家庭美滿，看著他兩個可愛的女兒每天高高興興走進學校，碰面時我們互道：「早晨。」再親切的閒話兩句，讓我不期然感到，這不正是教育的重量、教育的真諦嗎？

學生女兒的睡衣

家庭有所缺失的孩子，或許比朋輩少了一些來自家人的關愛和支持。換個角度看，其實也是個難得的機會，讓他們獨立，思想會更全面、更成熟。另一位讓我印象深刻，到現在還保持聯絡的學生，也是在這個不太愉快的環境下成長，結果成為優秀的人。

早餐的緣份

Denis 在聖雅各小學讀書的時候，母親帶妹妹去了加拿大生活，名義上他是和父親一起，但因為父親生活及工作關係，他自小跟隨嫲嫲住。那時候我家住柴灣，每天乘巴士到銅鑼灣，然後再轉乘的士上堅尼地道。想不到這個回校過程，造就了我和他的一段關係。

説起來是 Denis 主動和我交流的，可能現在聽起來有點奇怪，因為小朋友大多都習慣和同輩交往，但這位參加了童軍的學生，居然説要和我一起吃早餐。就這樣，很多時候在星期四早上童軍集會前，我們會相約在銅鑼灣連鎖快餐店先吃個早餐，聊聊體育明星及體育新聞，然後一起搭的士回校參加童軍活動。

除了吃早餐這件事讓我印象深刻，我還記得 Denis 是個很聰明的學生，很有自己的想法。升讀中一那年，他母親從加拿大回港，一來是替妹妹換身分證，還有是希望也把他帶到加拿大。對於母親當初先「選擇」了妹妹，他心裡其實是一直有個解不開的結。

Denis 父母當年的決定和考慮外人很難明白，但對於當事人來説，卻難免會心存芥蒂。所以當他母親説要帶他到加拿大，他萬分不願意。她知道兒子的情緒後，便聯絡他姨媽和我接觸，看我能否説服他。

我當然樂意幫忙，但明白到要謹慎處理。我於是對 Denis 姨媽説：「呢件事唔可以操之過急，佢處於青春期，開始有自己諗法，強求只會傷害母子感情。」

我認為，Denis 對母親還有未能消化的情緒，或許再多等數年，他身邊的同學開始出外探索機會，那時候他可能有不同想法。果然如我所料，完成中六後他沒有升上中七，便前往加拿大繼續學業，更在那裡完成大學課程。

信任後的溝通

我想，是因為由早餐、童軍以及參加各項體育活動時相處積累下來的信任，所以他和家人都願意和我商討這些切身的問題。而我作為老師，其後成為朋友，當然願意提出自己的看法。

大學畢業後他希望成為營養師，由於香港當時未有相關牌照可以考取。他繼續升學或是工作、留加還是回港成為他的掙扎，當他找我聊這件事時，我跟他說：「繼續升學，喺加拿大考到營養師牌照之後，先考慮留喺嗰度定係返香港。」

我想，當時他的想法也是這樣，他最後亦留在那裡，考取了營養師資格，現在是安大略省營養師學會的副主席。

規範下的機會

早前我收到他一些生活照，有一張是他女兒穿上他的童軍制服當作睡衣，我看著有一種說不出的可愛。這件超過二十年前的制服，他早已穿不下了，他還是好好保存，千里迢迢帶到加拿大，是紀念，更是回憶。

我也不時想起我們往日的早餐時光，真的很珍貴。雖然聊的是平常事，但從閒聊中已經窺見他是個很成熟，很有長遠計劃的人，而家庭情況給予他訓練自己的機會。

現在教育界的規範增加了，特別是師生之間交往的界線。但作為教導、育人的老師，我們總要主動創造空間，在新的環境中探索新的方式去和學生建立相互的關係。條件允許的話，即或是一頓簡單的早餐是不該吝嗇的。

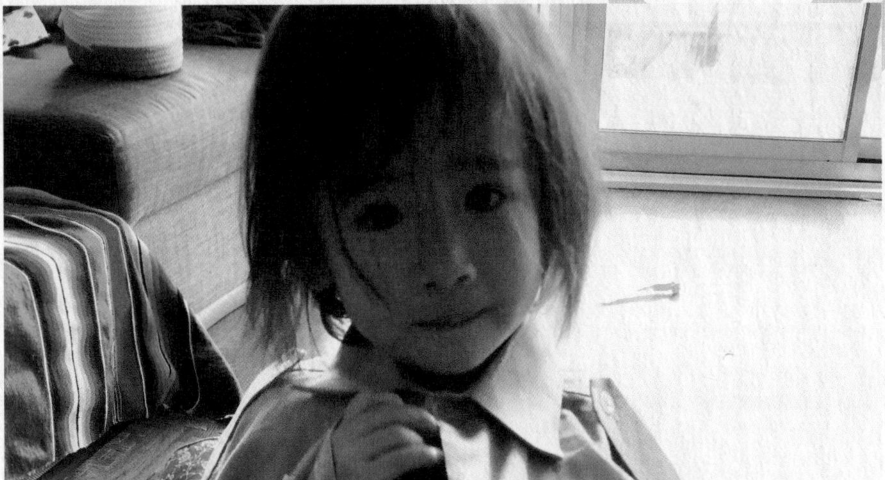

Denis 女兒穿上他的童軍制服當作睡衣

一切關係只為學生的好處

時代變遷並不會由單一因素造成，人與人關係的變化也是一樣。老師除了要面對學生，和家長的關係也是至為重要，甚至有時候更需要考究，大家怎樣溝通和相處的學問十分值得反思。以現在的情況和四十年前我剛入行時相比，就很容易看出當中的區別。

更為主動的家長

我還記得，八十年代家長對老師普遍有著一種尊敬的態度，他們都很信任把孩子交給學校。當我們提出意見，或者在溝通時表達作為老師的想法，家長們很容易就會接受。我剛入行時，的確有一些前輩的「氣場」是超級強勁的，更不用説是校長。很多時候我們和家長溝通時，他們不會有過多質疑。

那時候老師和家長的關係是相互尊重，在家長會等交流場合，他們多會根據老師的説法衡量自己小朋友的表現，對老師的信任比自己的孩子高很多，提出建議或者投訴的家長並不多。

千禧年之後，經濟發展、社會環境等改變了，間接影響了教師和家長的關係。簡單説，家長在面對學校和老師時，會更為直接和有主見。並不一定説對老師的尊重減少，而是家長更有自己的想法，或者説，更願意提出想法，在雙互關係中更為主動。

找出最合適的溝通方法

有多種原因導致這個轉變，當中最主要的有兩個。首先，現在的家庭結構和以前大相逕庭，生育率比以前低，每個家庭的小朋友大多「一個起兩個止」。

當小朋友成為家庭中心，家長自然加倍謹慎照顧，對他人的信任也隨之減少，或者說更難信任他人。其次，現在社會各行各業發展迅速，人們的專業知識也比以前多得多。

在這情況下，家長除了更有自己的想法，還更了解自己的權利、注重自己的權益。對學校和老師的各種安排決定，都帶有批判性思考，並不會盲從。

相比之下，八十年代的教師更有威嚴，現在我們就更加謹慎，更加注重和家長的溝通，聆聽和對話成為十分重要的一門學問。老師現在常說笑：「以前家長好驚接到老師嘅電話，宜家調轉老師好驚接到家長嘅電話。」人與人之間的關係既然隨時代變化而變化，便要從中找出最合適的方法，做好我們的教育工作。

不同地區相處模式也有別

除了年代不同，地區的不同，亦同樣影響到家長和老師的關係變化，產生了不一樣的相處方式。

雖然説職業無分貴賤，但比較基層的家長還是普遍覺得，「老師」這個職業比較「高檔」，所以較信任、尊敬我們，對我們的言行也更為信賴。相比一些較中產的地區，受過較好教育的專業人士家長，對自身的信任可能比對老師多。

的確有一些專業人士，他們懂得的學科知識比老師還多，在這情況下，他們或許認為，老師家長的關係比較「對等」，更傾向於雙向平等交流。

但是對老師而言，即或家長的個人專業知識比我們還高，但教育是我們的專業。無論是傳授知識還是育人，「教」是我們的專長。而且面對不同背景、各種職業的家長，我們都一視同人，雖然他們思考的模式和出發點不一樣，但對我們來説目標只有一個，是「為了學生」。

所以只要對學生的學習和成長有益處，每個意見都是值得認真思考、衡量，甚至執行。

家長篇

是手牽手而非拳頭對拳頭

人與人的溝通和交流是一門大學問，更不用說是家長和老師這樣的關係。雖然說大家的目標一致，但當中的分寸若把握得不好，很容易會發生誤會。

「呢位老師真係唔話得！」

我初加入聖雅各小學時，記得有位學生的母親是位菜販，每天早出晚歸。她的孩子經常欠交功課，早上很遲起床，下午才施施然上學，在沒有家長督促及缺乏學習動機下，成績自然跟不上。

但那位學生的班主任沒有放棄，一天下課後親自到學生母親工作的攤檔找她，向她反映孩子的情況，希望大家合力教好他。

我想，當班主任走到菜檔時，這位母親難免有些尷尬。畢竟大庭廣眾，有位穿著斯文的老師到熙來攘往的菜市場，反映她孩子的學習問題，隔壁檔主聽到也不大好吧。

但時代不同，數十年前老師這樣做即或讓這位家長有些尷尬，但我相信她終究明白老師的苦心。隔壁檔主看到，可能還會說：「呢位老師真係唔話得！」

但是現在就不行了，若老師這樣做，可能會被投訴侵犯家長和學生的隱私。所以老師現時大多是打個電話，私下和家長聊聊，怎麼可能跑到對方工作的地方直接溝通呢？

矛頭指向對人不對事！

關於方式和分寸，還有一個例子。記得有位參加興趣班的學生，在一次課堂結束後，於樓梯踢了同學一腳。老師自然跟家長説了這件事，並且懲罰了踢人的學生。

被罰學生的家長從自己小朋友的口中了解事情後，便向學校投訴。認為自己孩子之所以踢同學，是因為後者出言挑釁。家長不滿當日那位老師不問緣由，就懲罰自己的孩子，有失公允。

在再三調查及了解後，老師還是維持「原判」，因為無論誰先挑釁，肢體暴力是絕不容許的。家長得知後很不滿，一氣之下丟掉自己孩子興趣班的裝備，不再讓他參加，同時要求見校長進一步投訴。

見那位家長前我分析了事情，認為當前家長的矛頭已經不是「踢人」這件事，而是指向那位老師，況且那位被踢的學生已經就挑釁言論道了歉。

因為這件事，家長不再讓孩子參加興趣班，我感到很可惜，學生不應該因為這些原因而失去學習機會。

和那位家長會面時，我先安撫那位家長，待他消氣後我再承諾，學校可以提供新的裝備給孩子參加興趣班。條件是當該興趣班完結後，學生把裝備歸還給學校，讓之後有需要的學生使用。

本來這是個折衷的方法，有趣的是，我事後知道，學生居住的大廈的清潔工友，竟然在垃圾房找回丟棄了裝備，並保留下來，後來便把裝備還給了學生家長。最後事情得以圓滿解決。

「批判性夥伴」

其實家長、老師、學校的目標都是一致的，就是為了提供最好的學習機會給學生，所以家長老師是手牽手的關係，而不是拳頭對拳頭。就像之前有位教育界家長，對學校的措施很有想法，也很樂於向我們提出。

面對這種家長，如果從負面思考，就會覺得對方是「麻煩家長」。但如果從正面看，這位家長就是「批判性夥伴」。

所以我在每個長假期後的第一天上午，都會預留兩到三個小時和這位行家家長交流，在聆聽完他的意見以及認真思考後，我會和他説明可行和不可行的地方，並感謝他對學校的支持和意見，讓我們得以進步。

在每次家長會前，學校又會派發問卷，讓家長表達學校和老師做得好以及需要改進的地方。好的，我會轉告老師，增強士氣。不好的，認為能夠改進的，便去思考、執行。

家長和學校合作越來越不簡單，要有效溝通的同時還要注意分寸，保持公平性的同時又要靈活有彈性。所以面對家長的各種意見和建議，甚至投訴，我都會用正面的態度看待。有時的確感受到家長給我們的是阻力，但換個角度看，可能是提升學校質素的一大助力。

恩師篇

恰當的欣賞 適時的嚴厲

在每個人生階段，很多時都會遇上提攜我們成為更成熟的前輩。聖雅各小學總校長張浩然正是我教職生涯中，第一位重要的恩師。正如魏源《默觚．學篇》所記：「身教親於言教」，他以身作則地用行動引領我，示範出如何成為親民而不失威嚴的校長。

教職生涯的明燈

張校長是位富有魄力的決策者，他四十年前已經高瞻遠矚，除了致力提高教學質素，更積極投入區內的教育發展。例如在灣仔區舉行「好兒童運動」獎勵計劃，鼓勵小學生行善事，累積「好兒童」印章換取獎品。

張校長對社區的熱心投入，讓不少當年的灣仔區議員憶述起都讚賞他：「張校長係灣仔區之父！」

記得剛畢業來到聖雅各小學進行入職面試，張校長問了我一條問題：「你係咪曾經喺柴灣做過義工服務？」我驚訝地回答：「我同幾個同齡朋友、社工，喺柴灣循道愛華村服務中心組織咗『自務會社』義工團，我哋自己策劃發展路向，團隊叫『雋毅社』。」

張校長有此一問，原來他兒子的朋友是那個服務中心的主任。他讚許我：「願意承擔義工團嘅人一般都唔怕吃虧辛苦，而且你仲係童軍領袖，可以同其他老師開辦下午校幼童軍團。」面試後不久，我便收到應聘通知，我的人生從此就與聖雅各小學畫上等號，而張校長亦成為了我教職生涯的明燈。

成為學生的「好朋友」

剛入職時，我帶領籃球隊參加校際比賽，每當賽果差強人意時，張校長都會體貼地拍一拍我的肩膀，詢問比賽過程之後說：「繼續努力！辛苦曬，辛苦曬！」他這幾句「辛苦曬」對我而言感覺很窩心，甚至成為我日後為人處事的態度。

很多事情尤其是體育比賽，不論成敗學生及老師都付出了許多血汗與心力。如果上級不懂得體諒下屬的付出，「輸打贏要」，對士氣是極大的打擊。

慢慢地，這句「辛苦曬」潛移默化也成為我的「口頭禪」。日後我出任主任、副校長和校長職位時，我都跟隨張校長的待人方式，以正面話語鼓勵回應同事。我更會不時到球場與學生切磋球技，成為他們可以親近，生活在他們當中的「好朋友」。

「威而不露」的權威

說回張校長，他雖然親民，但亦散發出一種「威而不露」的權威，在必要時會嚴詞指出老師不足之處。記得一次在學校的行政會議中，討論到怎樣推行某個活動，有位老師表示：「我唔識喎！我怕做唔到。」

我們知道，「唔識」只是藉口，其實暗指不想做。張校長那刻很嚴肅地說：「唔識就去學囉！去上堂囉！」

簡單的兩句話，便識破了那位老師的藉口，更讓我意識到，管理者要恰當的欣賞老師的付出，也要及時嚴詞指出錯誤的行為和想法，這樣才能做到不偏不倚。而這些經驗之談，言傳身教，為我往後校長之路奠下良好的根基。

落雨啦！張浩然校長開遮為學生遮風擋雨

未忘處處提攜的恩情

愛爾蘭詩人葉慈曾經說：「教育不是注滿一桶水，而是點燃一把火。」教育並非單純的知識灌輸，而是喚醒學生對學業、生活、社會的熱情，激發他們追求理想的目標。而在我成為校長的路上，也得益於李少鶴校長和陳達文校長兩位恩師，他們燃點起我踏上校長之路的火，引導我進入這道大門。

種下當校長的種子

李少鶴校長早我一年進入聖雅各小學任教，他是上午校的主任；而我是下午校老師。由於他是童軍總會的總監，所以我們早已經認識，可以說是我童軍領域的師傅。後來我們更各自負責上、下午校的童軍訓練，亦師亦友地帶領聖雅各小學童軍。

在我進入聖雅各小學兩年後，他晉升為屯門聖公會蒙恩小學下午校首任校長。當時他邀請我到屯門參觀新校，這次邀請對我充滿激勵。

李校長帶我參觀新校校園，在過程中鼓勵我以校長作為生涯目標。當時我剛入職不久，是教育界的「新鮮人」，而李校長竟然看重我，認為我有潛力勝任，他的鼓勵在我心中埋下了當校長種子。

「唔試就肯定冇機會」

李校長不久調回港島區，其後出任南區聖公會田灣始南小學的創校校長。他再次邀請我到漂亮的新校參觀！當時我才剛升為主任，校長這個目標對我而言還是遙不可及。

李校長在這次參訪中再次激勵我：「未做到咪繼續試啊！唔試就肯定冇機會，試就一半一半！」這句話燃點起我嘗試申請校長的心，開展競逐校長的旅程。

憑著李校長的鼓勵，我開始嘗試申請校長一職，但過程並非一帆風順。記得第一次申請那年，我剛滿三十歲，擔任主任也未夠三年，這樣的資歷收到落選通知並不為奇。還記得當時楊安振校長安慰我說：「你嘅表現幾好，不過大家覺得你都係太年輕，儲多幾年經驗先。」

我第二次申請是張浩然校長準備退休前夕。當時評審委員會主席是香港大學教育學院院長，他重視競逐人選的學歷，而當時我的學位課程還沒有完成。結果我又再次落選。

雖然經歷兩次失敗，但我並沒有質疑自己的能力，反而失敗讓我更加了解到自己的不足，「抝起心肝」完成當年的香港公開大學學位課程，將自己裝備到更好，等待下次機會，2002 年機會又再次出現。

李少鶴校長回校出席聖雅各小學活動

兩封畢生難忘的推薦信

當年每位聖公會校長職位申請者都需要有兩位引薦人撰寫推薦信，下午校馮家正校長是我其中一位推薦人，另一位是鮮有聯繫的陳達文校長。

那當初我是如何認識陳校長的呢 ？ 我想應該是緣分。他當年是聖公會青衣邨何澤芸小學首任全日制校長，與我素未謀面，工作上也較少來往，但他的太太蔡慧儀老師卻是我的同事。

蔡老師可以說是我在聖雅各小學的「大家姐」，在工作上經常照顧我、提點我，我們之間彷如姊弟般融洽。原來蔡老師在陳校長面前亦不時提起我，介紹我在學校教學的情況，了解到我的性格，以及對教育熱愛的心。

在我找尋引薦人時，蔡老師亦向陳校長力薦我有潛力承擔校長一職。陳校長憑著其經驗、眼光，以及蔡老師對我的評價，雖然未曾與我共事，卻義無反顧地推薦我這位後輩，這份恩情至今仍然記掛在心上。

傳承提攜後輩的「精神火焰」

回望這段由「新鮮人」一步步邁上校長崗位的往事，感恩路上有張校長、楊校長、李校長、陳校長這些天使的扶持，幫助我看清自己的人生目標。如果沒有他們，深信「都唔會有宜家嘅張勇邦」。

成為校長後，我繼承了提攜後輩的「精神火焰」，一旦看到合適的人選，便會回饋這份恩情，幫助和提攜有能力的年輕人，因為當年我也是這樣走過來的。

恩師篇

以情、以理服人的「高手」

職場中人若被上司問到，是否願意升職時，十個大人大概有九個會說「我願意」，相信老師也不例外。但我當年有機會升主任時，我卻有點猶豫不決，幸得下午校楊安振校長的指引，才能夠成熟的作決定。

升職？讀書？為難的決定

楊校長是我的直屬上司，在我任教四年後，楊校長告訴我，學校來年將會有兩個主任空缺，鼓勵我嘗試申請。我當時感到很為難，原來那年中文大學開辦了首屆教育學位課程，我已經向聖雅各小學張浩然總校長申請入讀，他同意並且替我寫了推薦信，可以想像我當時是多麼的尷尬。

張校長說：「讀書要用時間上堂，估計會影響到校內工作，你需要好好做好平衡。不過有我寫推薦信，你好大機會成功入讀。而申請主任你要同其他同事競爭，你年資尚淺，有落選可能。」

我帶著這個難題請教楊校長，他表示，我讀學位課程都是自我裝備，為升職作準備。讀書機會年年都有，而眼前有個晉升的可能，何不把握呢。經過楊校長的分析，我清楚兩者的利弊，選擇申請做主任這條較有風險的路。

當時兩個空缺有四位老師競爭，當中只有我是下午校老師，而我的資歷又是最淺的。至於另外兩位申請者，都是上午校不同科目的科主任，加上其中一個主任位，側聞學校管理層屬意由一位經驗豐富，由友校調任的老師擔任，我獲得此職位的機會更加渺茫。難怪辦公室有聲音說，「我應該是『陪跑』分子。」

即或如此，楊校長仍然極力推薦我，認為我有能力勝任，希望下午校的主任可以由下午校老師擔任。結果我這位剛夠資格的申請者真的脫穎而出，喜奪主任一職！

明白「位置感」的重要

當時下午校俗稱「二奶仔」，社會重視程度沒有上午校高。學校很多決策是由上午校的校長主導，下午校校長有「牙力」的情況是十分罕有。因此楊校長能夠影響學校的晉升決策，離不開他的能力和與張校長共事之道。

記得有次我向楊校長請示一些較為決策性的校務，他叫我先詢問張校長的意見。我想：「你係我嘅直屬上司，我應該先搵你傾咗再向張校長報告。」原來楊校長清楚自己是「老二」的身份，不能越權決定學校的方向，而這就是「禮數」以及「位置感」。

甚麼是「位置感」？舉例來説，「學校有三個副校長，你先搵邊個討論學校發展，隱然透露出你對誰更為重視。」這就是所謂的「位置感」，看似微不足道的動作，卻是約定俗成，人與人之間相處的「不成文規矩」。因此要懂得運用同理心去思考，理解每個行為帶來的影響。

心平氣和解決問題

遇上人事的問題，楊校長的處理方法更讓我獲益匪淺。開學前一個月，教務處會向老師派發課堂時間表，有位體育科資深老師不滿意課堂編排，開會時突然説：「我整傷條頸啊，可唔可以減我啲體育堂。」他突如其來的請求可以是牽一髮而動全身，隨時要重新更改全校的時間表。

楊校長聽到這位老師説要「減課堂」，意識到他在「玩嘢」。楊校長既沒有動怒、也沒有揭穿，只是平淡的説：「你條頸唔舒服，咁就休息下啦，今年唔好教體育啦。」遂將他的體育課與一位年輕老師的中文課調換，體育老師變為中文老師 ！

我與其他前輩後來討論起這件事情，他們表示，這位體育老師可能因為我年紀輕輕就升為主任，他會不被重視，便故意「扭計」，製造難題給楊校長。

楊校長「真係一位高手」，他教我：「面對無理嘅事，無需扯曬筋同人吵架。權在你手，只要好 firm、好合理咁做決定，事情就得以解決，任何時候都要持心平氣和的態度解決問題。」

面對頑皮的學生也需要持守這種量度，保持笑容簡單説句：「同學你今日好曳喎！留低等我叫媽咪同你傾幾句先。」何須青筋暴現地責罵學生？用溫和的方式往往能夠更有效處理校務，展示出他的確是位高情商的教育工作者。

培養高情商的目的，是能夠影響他人，有效帶領團隊，不讓情緒問題成為阻礙合作和發展的絆腳石。感恩入行時就遇上這位「高手」前輩，做好高情商的榜樣，以理、以情服人，啟蒙我日後對學生、家長，以及同事的關係和態度。

我得到師傅「一半」的真傳

校長是學校的「大腦」，面對社會急速轉變的挑戰，校長是否有獨到的眼光、靈活的頭腦，因時制宜地調整學校方針，將合適的人選安排在適當的位置，對於學校的發展有著舉足輕重的影響。

見識到何謂有魄力的校長

踏入 2000 年，政府在黃大仙慈雲山蒲崗村道一帶，興建了全港首個「學校村」。把多所學校的用地作整體規劃發展，透過共用土地，為學生提供更多的綠化環境及戶外活動空間與設施，營造啟發學習的環境，加強學生的歸屬感。

坦白説，「學校村」的設計，對林湘雲校長和我領導的日修小學和靜山小學並非好消息，我們位於彩虹邨的學校，取錄不少居住在慈雲山區的學生，但「學校村」幾可以肯定，減少了我們兩所學校的收生機會。

林校長為了解決這個問題，首開先河在主流學校公開錄取有特殊教育需要的學生，二十多年前這是極大膽的決定！因為當時一般師資培訓還未有特殊教育的元素，極少主流學校有信心錄取這些學生。

遇上收生低潮期及「學校村」兩大夾擊，林校長唯有調整學校方針，透過轉型「托住學生人數」。我不禁讚嘆：「林校長真的很有魄力！」因為轉變收生方針，突破傳統的教學模式，並不是校長一個人説了算，還需要獲得學校管理層的支持，教學團隊、主任、老師的配合及家長的理解，少些魄力都難以推行。

回到聖雅各小學後，我開始接觸到有特殊教育需要的學生，我和老師都未接受過相應的訓練，有點束手無策的感覺。林校長知道後，派了日修小學的副校長為我們作分享，讓老師們改變教學心態，了解這些小朋友的特性，及處理和應對他們之道。

讓我增廣見識的公職

當年林校長更是香港資助小學校長會主席，在他任職主席前，校長會的活動有點像聯誼會性質。林校長慢慢改變組織的作風，建立起我們現時所見的專業形象，讓校長會在教育界中發揮影響力。

林校長扶植後輩的熱情更讓我難忘，他不時引薦我認識來自五湖四海、不同年代的資深校長。記得有好些校長會聚會，他會邀請我一同出席，從而讓我有機會見識前輩校長們的討論和分享，增廣見識。

最初加入校長會時我只是普通會員，還未能夠擔當理事會的崗位，但在林校長的推薦下，我亦有機會協助小組主任進行相關的工作。這些經驗，對我後來出任津貼小學議會的職位很有幫助。

津貼小學議會是由十八區津貼小學代表組成，獲教育局認可的教育界諮詢團體，是政府和津貼學校的重要溝通橋樑。我回到聖雅各小學任職校長時，當時議會灣仔區小學的代表便游說我出選，我欣然答允，最後通過投票我便成為議會的灣仔區小學代表。

雖然當年我只出任校長三年，在林校長的引薦下，許多資深校長已經認識到我對教育的承擔，我很快便被推選重要性僅次於議會主席和副主席的議會秘書崗位！

兩年後，在得到議會的肯定，我被推選為議會副主席，當副主席兩年後再成為主席。卸任後兩年我又再獲選為主席，在退休前幾年，因著香港資助小學校長會的需要，我也擔任了校長會的主席。

「你好似林校長！」

在我的校長生涯中，曾經擔任過這兩個甚有代表性的教育團體主席，這都離不開林校長當年的賞識。在公職崗位的訓練下，讓我衝出學校，與教育局、社區連結、溝通，接觸不同範疇的人，成為更全面的領導者，對制定教育政策時有更廣闊的視野，明白到各持分者的需要。

曾經有前輩對我說：「你好似林校長！」聽到這樣的形容，我感到很高興。若果得到林校長一半的真傳，我已經很滿足，感恩遇到這樣好的師傅。

我和林湘雲校長 (左) 合照

恩師篇

領略「導航」的技巧

要了解一個人的品行孰善孰惡，往往從觀察其日常生活中的小習慣便大概明白。常言道：「小事見格局，細節看人品」。我們可以從一頓家常便飯、一段駕車經歷、一句簡單問候，了解到他人的性格、處世修養。可以說，你的行為習慣決定你是誰。

「需要柴可夫『司機』嗎？」

以前每當要參加聖公會學校會議或友校的典禮，我都會詢問同區的校長：「需要柴可夫『司機』嗎？」時至今日依然如此。我養成這個習慣，離不開受林湘雲校長潛移默化的影響。

2002 年，我出任彩虹邨聖公會靜山小學下午校校長，與林校長的聖公會日修小學相毗連。兩間學校距離不遠，加上他與上午校李振英校長是好友，每逢午飯時，林校長都會駕車來到靜山小學，邀請李校長和我一起到黃大仙吃午飯。

李校長後來調往其他聖公會友校任職，上午校由另一名校長接任。林校長並沒因為好友離開便減少與我們來往，依然樂此不疲地做我們的「柴可夫『司機』」。

我們受邀請到其他區參加聖公會的會議或典禮時，林校長更會逐一詢問黃大仙區的聖公會友校校長，是否需要「順路車埋」。我問他：「你咁樣唔覺得麻煩咩？」林校長大方地表示：「只係車行，又唔係人行，有咩所謂啊！」

帶車困難過跟車

記得有次，我和林校長都受邀請前往屯門聖公會蒙恩小學出席典禮，我們各自駕駛自己的私家車，載著滿車乘客駛往屯門。當時我剛剛重拾駕駛，還未熟習新界的道路，加之當年 GPS 導航尚未流行，我的確有些慌張。

「跟住我啊！我帶你入去。」林校長二話不說擔任我的「帶路者」，他彷如「人肉 GPS」，哪一個街口、燈位轉彎、行哪一條路線較快，他都有條不紊地引路。

最後順利到達目的地，我雖然沾沾自喜沒有跟丟，但我明白，「跟車有幾難啊，帶路先至難！」因為領路者不但要時刻從倒後鏡留意跟隨者的狀況，考慮行車速度是否過快或過慢，遇交通燈時會否丟掉。還要在轉移行車路線時，提前給予對方明確的指示，在在都考驗著領路者的反應和專注力。

「虧」了油費 「賺」了友誼

林校長的「帶路」經歷一直銘記在我心，因為在這件小事上，我深刻體會到他由心而發的服務精神。試想，當時林校長車上滿載其他人，他既要保證乘客的安全，又要不時留意我的動向，防止我走失。我身為司機，清楚他那一刻其實背負著很大的壓力。

但林校長沒有因為壓力而減少幫助別人，仍然盡其所能。表面上他「虧」了油費、精力、時間，其實是「賺」了一段段難能可貴的友誼和尊重，「呢啲點樣去計呢？」

這種服務精神，正是我們每位聖公會校長一直傳承的優良傳統，即或面對的事情吃力不討好，也甘願以奉獻的態度對待，不斤斤計較、不怕吃虧。事實上，在我們的日常生活中，同樣也無需事事計算是「虧」還是「賺」。不計較利害得失，即或吃虧仍甘之如飴，最後求得安心，這不是我們社會所需要的嗎？

後盾篇

帶我們跨過困境的「根」和「本」

一席話的力量有多大？適當的一席話不僅一言抵千金，還可能改變人的一生。當初回到聖雅各小學，自己敢於走出校長室，承擔不同公職服務，離不開賴錦璋校董的一番話：「學校要重建，我哋同社區嘅關係好重要，多啲參與社區工作、業界公職，對學校未來嘅發展好有幫助。」

招聚到同路人的支持

當年重返聖雅各小學，首要任務是策劃學校的重建工程，加上我剛上任，當時也曾經想過，「自己間學校都未搞掂，公職服務都係唔好搞住先。」而且有位校長前輩告訴我：「公職服務好似滾雪球咁，你答應咗第一次就會有第二次，到時你唔好意思推辭，跟住就會不斷搵你。」

在諸多「公職服務弊多於利」的聲音裡，唯有賴校董帶我從另一個角度，思考公職服務與校長工作的關係。

賴錦璋校董是社工出身，從事福利行政工作超過五十年。在七十年代中擔任聖公會聖基道兒童院院長至 1990 年，其後出任聖雅各福群會總幹事，多年來被委任為多個政府部門的重要諮詢委員會委員。

賴校董背負如此多的公職服務，但並沒有影響他本身的工作。反而正因為他與社區有密切的聯繫，讓更多人認識到聖雅各福群會的社會使命，招聚到不少同路人的支持。試想，如果聖雅各福群會當初只靠政府的支持，會務可以發展得如此蓬勃嗎？

原來機構的總幹事，或者學校的校長，若願意走出自己的辦公室，在社區擔當公職服務，看似工作量增加了，但事實卻是讓社會認識到你所服務的團體，會在有需要時扶持一把。我當時就是受到賴校董潛移默化的影響，主動承擔各項公職，而這個決定改變了我二十年的校長生涯。

「不忘本」、不能「本末倒置」

雖然公職服務為我帶來一些「知名度」和資源，但深知這都不是屬於我個人的，我一直提醒自己：「聖雅各小學才是自己的根基，沒有學校根本不可能有這些公職，不能本末倒置。」

全賴學校有一班能幹的副校長、主任、老師，他們推動學校的教學發展，讓我可以騰出時間投身公職，以及為重建學校而努力。

「不忘本」除了指以聖雅各小學是自己的服務重心，亦指不能忘記我們的辦學團體「聖公會」。

感恩是聖公會的一份子

記得出任聖雅各小學校長的第二年，正值暑假開學前夕，學校後方的寶雲徑突然發生山泥傾瀉。土木工程署以安全起見，禁止校方使用靠近山邊十六間課室。當時學校總共才二十四班，即是禁用了三分之二的課室，等同於封校停學！

那年正值是全港縮班潮的嚴峻時期，我們首次嘗試將小學一年級轉為全日制，若果未開學便停學，會讓新生家長擔憂，難免會產生轉校的念頭。這簡直是雪上加霜。

面對如此困境，感恩我們是聖公會的一份子。賴校董當時知道學校的情況，他二話不説，借出聖雅各福群會多個活動室用作安頓小一新生，使他們可以如常開學，避免這批剛升上小學的新生流失。

可見定個「本」是多麼重要，是自己危難時最堅實的後盾，正如 (以賽亞書五十二章12節) 記述：「你們出來必不致匆忙，也不致奔逃；因為耶和華要在你們前頭行，以色列的神必作你們的後盾。」要相信，我們都會遇上天使，指引我們前行的路，更在我們不支時背負我們跨過。

時任聖公會小學監理委員會主席陳謳明主教 (左) 及時任聖雅各福群會總幹事賴錦璋太平紳士 (右)

嚴謹校監的堅實後盾

嚴謹的領導者常予人有不近人情的感覺，他們事事認真，與之共事需要經得起高要求的嚴格考驗。雖然壓力是少不免的，但只要能交出滿意的成績，不難發現在他們嚴謹的作風下，往往蘊藏著關懷的愛心。

「張勇邦做唔做得長呢？」

2004 至 2005 年，聖雅各小學上、下午校的校長相繼退休。當時辦學團體正開始籌備原址重建工程，急需熟悉校內外行政、人事關係的校長接棒。我相信潘梁學賢校監這時想起了我，促成我於 2004 年重返聖雅各小學接任下午校校長，翌年升任總校長。

潘太是位很資深的教育工作者，在聖雅各小學擔任校監接近三十年。在她的教育生涯裡，她曾經擔任四間聖公會中學的校長。於聖公會鄧肇堅中學退休後，她退而不休出任一間國際學校校長。可想而知，在如此經驗豐富的領導者麾下工作，未上任前已經感受到壓力。

潘太辦事以嚴謹見稱，我上任前聞説在她擔任校監的友校，有兩位校長因為不同原因而離職。因此不少和我相熟的校長都擔心，「張勇邦做唔做得長呢？」大家都提醒我：「潘太好嚴謹，凡事都要小心啊！」

千萬不要「不懂裝懂」

正式上任後，這股壓力一直纏繞著我，但想不到可能因著一次查閱學校帳目的事件，令潘太對我的信任多了。

學校的財務屬於政府公帑，必須廉潔透明，每筆開支收入都要清楚記錄。而校監的職責之一就是審閱帳目，確保帳目合法合規，潘太對此自然非常嚴謹。

學校整體的財務狀況我是知悉的，由於我不是會計出身，有次她詢問我帳目上細項的收支安排，那真是「考起我」。

面對潘太的詢問，我沒有「不懂裝懂」，因為我不可能完全掌握學校所有的運作細節，如果靠「扮識」蒙混過關，只要再深入追問就會「露餡」。因此我坦言表示：「校監唔好意思，細項嘅安排我解釋唔到，不如我叫負責嘅書記同事，攞埋本數簿搵你傾。」

坦白承認自己「不懂」，回想起來真是兵行險著。孰料潘太接受我的安排，我便著書記同事往她的辦公室解答帳目問題。她十分滿意結果，更信任我是位處事認真踏實的校長。

每個人都有其限制，但是在我教育專業的領域，需要確保不同的範疇都能夠觸類旁通，這是當校長的必備質素。而面對不擅長的範疇，坦白自己的「不懂」外，亦要讓對方感受到：「我雖然不懂，但我有求知精神，會盡力去學習了解。」

「恰到好處」的關心

從此懼怕的陰霾開始散去，潘太甚至成為我校長之路的堅實後盾。在擔任校長期間，我除了負責重建工程，在教育界的公職也不斷增多。面對內外忙碌的工作，潘太不但表示支持，還減輕我的工作負擔，容許我在開校董會一個星期前才呈交議程文件，聽聞其他校長並沒有這個「待遇」呢！

更因著她多年來的校長經驗，減少了我要向她解釋業界發展的情況。我可以用融洽來形容我們的溝通，她不會要求我頻密的滙報工作，每次來電，都是體貼的關心和支持學校發展，她給予的指導，亦不會給我有壓力，她的關心真是恰到好處！

在我這二十年校長生涯中，縱有風高浪急的形勢，但得以有驚無險，離不開潘太的關心、督促和陪伴，讓我校長之路走得安穩堅定，無後顧之憂。

後盾篇

會議質量無關時間長短

你喜歡開會嗎？相信大部分人的答案都是：「No！」但學校的各式會議看來又是無可避免，尤其是定期召開的校董會更為重要。曾聽聞有些校董會的會議時間很長，從黃昏進行到晚上十一點才結束。

關鍵在於討論而非報告

我不禁思考，開會時間愈長、次數愈多，難道就更有助學校的發展嗎？在與潘梁學賢校監的共事中，我得出的答案是：「會議前的溝通、預備，遠勝於冗長的會議」。

我們校董會有項不成文規定，會議通常不會超過兩個小時。簡短的會議時間不代表對內容不重視，與會者想討論甚麼就討論甚麼。我每次開會前都會為主持會議的潘太，準備一份「備忘錄」，將會議的討論重點、提問、表決時間有序地羅列出來，避免缺漏和浪費時間。

我與潘太還有個共識：「校董會內都係文化人，大家可以自己睇會議文件，唔需要將每項資料都重複讀一次。」

我的職責並不是原封不動地朗誦資料，而是精要簡介學校的發展狀況，讓校董在最短的時間裡了解和聚焦議題。從公職會議累積的經驗告訴我，開會的關鍵在於討論而非報告。

「會議」是人與人的交流

妥善規劃會議流程，只是提高會議效率的第一步。會議歸根究底是人與人的交流，如何在討論中求同存異，校監與校長之間的溝通就尤其重要。

每位校董會成員都有不同的風格，各人的關注點便有相異之處。如果想會議更有效率，就需要在開會前與校監商討這次會議的重點，預算該議題需要討論的時間，那位校董可能希望深入探討細節等。

主動與校監溝通至為重要！校監是校長與校董會之間的橋樑，因此校長不可以膽怯與校監溝通。切勿「跟官咁耐唔知官姓乜」，不但要知校監、校董「姓甚名誰」，更重要是了解他們的「性情、性格」及開會作風，這是校長要拿捏及掌握的處事態度。

最大的貢獻 - 願意接受意見

在我任職聖雅各小學校長期間，感恩遇上了開明的校監潘太。她有豐富的校監經驗，對聖雅各小學的行政運作瞭如指掌，是教育界的「專家」，適時提出建設性的意見，是推動學校發展的重要人物。

潘太最大的貢獻不只是教育相關的支持，而是她開明的處事作風，願意接受他人的意見。試想：「若你遇上一位行內的校監，但性格偏執，唔願意聽意見，一意孤行將佢嘅想法套用到所有人、所有決定上，咁就真係大件事！」

正如美國管理界大師切斯特·巴納德 (Chester Irving Barnard) 所說：「管理者的最基本功能是發展與維繫暢通的溝通管道。」如果管理層重視溝通交流，我想無論下屬是否喜歡開會，最起碼不會感覺到厭惡。

校監潘梁學賢 (左)、校董王紫薇 (中) 和我攝於學校室內操場

紅磚屋篇

送迎半世紀不減的情懷

常言道：世上唯一不變的就是改變，任何人事物總會經歷歲月的洗禮，敵不過時代的變遷。聖雅各小學是在 1961 年建校，在 2009 年 3 月正式踏入重建的步伐，在建校接近半個世紀後，迎來新的一頁。

發思古之幽情的「回校日」

學校除了是教與學的地方，課室、禮堂、操場更承載了一代代學生或甜或苦的回憶。聖雅各小學是一間有歷史的學校，拆卸舊校前，我們要顧及校友的「感受」。於是我趁校舍拆卸前舉辦「校友回校日」，讓校友們能夠發思古之幽情，漫步及留影於他們珍惜的每一角落，留下集體而美好的回憶。

在籌備過程遇到不少挑戰，因為當時還沒有成立校友會，要一次過聯絡四十多屆的畢業生並不容易。我們順水推舟，趁這個機會籌備及成立了校友會。

在當年一班同事、老師努力下，我們盡力聯繫在香港或已經移居外地的校友。為方便他們，因此舉辦兩次「校友回校日」。除了一眾校友，還邀請了許多聖雅各小學的「歷史人物」回校聚首一堂，包括歷屆的校長、前輩、主任、老師等。整個場面十分溫馨和哄動，彷如一場久別重逢的相認大會。

盡顯歸屬感及光榮感

「回校日」有多個場面讓我至今難忘，其一是校友回來後，都紛紛找尋自己坐過的班房、座位，當他們尋回昔日的座位坐下時，那份興奮、不捨的心情，以及腦海中的種種回憶躍然臉上，隨後的指定動作當然是拍照留念。

另一件難忘的「創舉」，就是在舊禮堂重拍每一屆的畢業照。說這是件創舉，因為如果「齊腳」，當天有四十多屆的畢業生拍照！我看著一屆屆的舊生滿面笑容的上臺、下臺，恰如一段段人生的走馬燈，內心有說不出的感恩。

聖雅各小學 1973 年外貌

特別值得一提的是，有位在 1962 年畢業的第一屆校友，他今年已經七十多歲，他十分捧場，兩次「回校日」都有他的身影！

當然這樣濟濟一堂的場合，又怎少得在操場來個大合照。攝影師從高處拍下的照片，見證了聖雅各小學在一眾老師的默默耕耘下，半個世紀春風化雨，作育英才的成績。

我特別不捨得的是掛在操場上碩大的校徽，回校日時，這校徽是頗受歡迎的「打卡位」，大家都要站在其下拍照留念。從拍照時校友的表情可以看到，大家作為聖雅各小學校友那份歸屬感及光榮感。

變遷才是永恆

校舍、設施雖然殘舊了，但情懷仍在。我們特意設計了一冊相簿，一半的相片是「盤古初開」時校舍的設施相，另一半是展現同一角落，校舍拆卸前的模樣。對照新舊照片，便看到學校在接近五十年間的變遷。

兩次「校友回校日」後，我們遷移至銅鑼灣的暫借校園，與堅尼地道暫時告別。但是重建不等於抹去記憶，我期待美輪美奐的新校舍在未來半個世紀，繼續為莘莘學子及教育界作出更大的貢獻。

告別舊校及教堂的感恩崇拜後的大合照

溝通、游說竟成為我的日常！

一件事情不論好壞，每個人聽後可能產生不同的見解及觀點。要消除隔閡，良好的溝通就是關鍵。在重建聖公會聖雅各小學的過程中，溝通成為我獲得支持的利器，成功游說不同持分者之餘，更給予我信心迎戰種種的挑戰。

反對聲音不絕

2004 年 9 月，我重返聖雅各小學接任校長，我其中一個任務是策劃重建學校。1984 年畢業後我便加入聖雅各小學，直至 2002 年才調到靜山小學當校長。雖然離開了兩年，我對聖雅各小學的老師、環境以至社區仍然很熟悉。校監及校董認為，這重要任務需要由對學校有認識的人擔任，他們便邀請我重返「母校」。

記得當年聖雅各福群會總幹事，一位我很尊敬的前輩賴錦璋校董提醒我，落實重建工作之餘還要積極參與教育界及社區服務及活動。回想起來真是智慧之言。原來重建項目面對的困難及挑戰，不只我從來未遇過，更是我無法想像的。

當年附近居民知道重建計劃後便極力反對，一來他們不知道重建後建築群的特色，二來在重建的四年半，周遭環境的確對他們有影響。居民亦擔心到，重建後十多層高的建築物遮擋了其家居景觀，影響樓價。

居民亦關注到，學校大了、服務多了，將來的交通流量會不勝負荷，種種原因令他們想盡辦法阻止重建。例如，放學時有街坊在舊校門口拍照，向運輸署投訴校巴阻塞交通；又向教育局表達，重建後樓高十多層的學校，學生「走火警」的安全問題。

複雜的重建工程

可以想像，在學校重建階段，我除了肩負學校的行政工作，還要參與很多活動、會議。出入立法會、區議會、和街坊會面成為我日常工作的一部分。

聖雅各小學 2009 年外貌

有次我和校監、校友會主席見當時的教育界立法會議員張文光。他看了我們的重建計劃後説：「我冇見過學校係咁起嘅。起到咁高咁大座，唔怪之得附近居民反對啦。」他明白沒有人想在自己的後花園大興土木，但作為教育界的議員，他還是支持重建計劃的。

最深刻的一次是處理居民的投訴，我們要到立法會解畫。出席的政府部門包括教育局、民政事務局、建築署、運輸署、屋宇署、消防處等代表，而我們出席的則包括學校代表、聖公會代表、聖雅各堂代表、聖雅各福群會代表等，那次與會人數相信多達幾十人。讓我深深感受到，重建學校真是件很複雜的事。

令重建工程更複雜的是，在堅尼地道這塊聖公會的土地上，會出現三幢建築物，除了學校，還有聖雅各教堂及聖雅各福群會服務大樓。政府只會撥款重建學校，其餘兩幢大樓、建築師、測量師都是由聖公會出資興建及聘用的，所以當居民對重建有意見時，便必須由聖公會及學校一起面對及處理。

珍惜鄰舍關係

睦鄰是很重要的，因為他們是我們的永久鄰居，合理的訴求我們會盡量配合。更重要的是讓他們知道，重建計劃對區內甚至社會有百利而無一害。有幸街坊中有我們的家長，他們很支持重建工程，還不時給我們「通風報信」，和居民開會時亦不至出現一面倒的聲音。

我們很有信心當重建工程完成後，新穎的建築群不單不會影響他們的樓價，還會為樓宇增值。例如重建後，校巴會駛進校內範圍停泊及接送學生，大大改善了附近的交通情況。還記得當重建完成後，很多以前的家長及校友都紛紛回校「打卡」，讚嘆校舍美輪美奐，加上紅磚外牆，十足似是「灣仔理工」。

我和政府、街坊的「交手」過程都是互相尊重，互諒互讓，直至我退休時我們的關係都十分友好。回想起來賴錦璋校董的一席話，叫我多參與社區及教育事務，為溝通、游説工作奠下良好基礎，真的是至理名言。

紅磚屋篇

「想起都驚」的搬校工程

經歷過搬屋的人，相信都深明過程的紛繁複雜。包裝、搬運、整頓傢俬，每一步都是磨練身心的考驗，內心會不斷問：「點解啲嘢搬極仲有？」搬屋已經如此吃力，何況要搬遷一間二十四班的小學，搬運工序的繁複，以及需要的人力物力之多「想起都驚」，而我們的學生也成為了搬校任務的重要角色！

「校園環境真係唔得啊」

我們遷往的臨時校舍，是位於銅鑼灣的聖公會聖瑪利亞堂中學舊址。由於他們已經遷至西九龍填海區的新校，原址荒廢了一段時間，沒有人修葺打理，由內到外都是「溶溶爛爛」，尤其是操場的地板，很多部分都「撲起」，凹凸不平，根本無法正常使用。

記得當時有位熱心家長，專程前往校舍隔鄰的聖保祿醫院，走上高層拍攝了校園的照片再傳給我，焦急地向我說：「校長，校園環境真係唔得呀！個操場爛成咁嘅樣，仆死啲細路呀！」可見臨時校舍多麼令人擔憂。

校舍不但外表難堪，內裡更有一處極需要大修的地方，便是男學生廁所。因為該校原本是中學校園，廁所的設計都是以中學生高度作準，對於身材還相對矮細的小學生來說，當他們走進廁格，便彷如誤入了巨人國，要踮高雙腳才能勉強解決內急。

「新丁」學校作出配合

除了需要處理校舍的問題，搬到臨時校舍後，我們全日制上課時間亦要維持在早上七時四十五分，記得有家長投訴上課時間太早。我身為校長唯有以身作則，每早七時半準時在學校門口迎接學生，鼓勵家長盡量適應。

維持上課時間其實和校車接送的安排有關，由於臨時校舍一帶原先已經有很多學校，大家的校車進出及上落學生的位置都在同一條行車線上，如果大家上課及放學時間接近，只會造成「校巴鬥塞」的狀況。我們是新搬進該區的「新丁」，作出配合亦是理所當然的。

在搬校前，我們學校內部組成了聯合搬校團隊，頻密開會部署。終於敲定在2009 年 3 月，趁著復活節一連多天假期，正式開展遷校行動。

「螞蟻搬家」重建圖書館

搬運工作開始後，搬運貨車不斷在新舊校之間穿梭來回，工友們工作到幾乎筋疲力竭。由於我們只是搬遷校舍，並非開設新校，所以無法取得政府提供的開辦費。故此課室的所有硬件設備如：檯凳、書簿櫃，都需要全數由舊校遷往臨時校舍。

在搬運的物品中，搬圖書是最「要命」的，重量是難以想像。學校有二十四班，每班都有班房書櫃，加上當時上午校和下午校是分開管理，所以總共要搬四十八個書櫃，還未計學校的中央圖書館，書本數量無法估計。

因此我決定化整為零，全校學生集體加入「搬書大計」。在學校修葺完成，準備在臨時校舍開課前，我們要求每位同學背著空背囊回到舊校，每人帶幾本圖書，好像「螞蟻搬家」，將圖書先帶回家，再帶回臨時校舍，用聚沙成塔的方式在那裡重建課室圖書館。

我們之所以有這個決定，是讓學生有分參與遷校行動和參觀新校舍，希望他們可以從中體會到「不可叫人小看你年輕」這句説話。讓他們知道一個人的能力高低，並不是取決於年齡的長幼，只要有決心做，任何艱難的事情都可以完成。

除了實用的物品，若你問我是否有保留一件帶有難捨之情的物品，我想應該是舊校的大校徽。雖然現時沒有再擺放出來，但該校徽依然保留至今，因為它承載了許多舊校的時光，見證著一路走來的歷史。

重建後校訓仍然豎立於禮堂中央

紅磚屋篇

夾縫下活得更好

在馮夢龍的《醒世恆言》中有這兩句話：「屋漏偏逢連夜雨，船遲又遇打頭風」。在學校遷往臨時校舍的四年半內，我們面對各種風雨的挑戰，和這兩句說話的處境相差不遠。既有縮班的威脅，也要克服臨時校舍設施的問題。在這困難關頭我立定決心，學校無論如何都要屹立不倒，甚至「活得更好」！

位於東院道的昔日臨時校舍

內憂外患的感受

先從收生不足説起，2009 年聖雅各小學在「大勢所趨」下，由上、下午校轉為全日制。雖然這是全港很多小學都要面對的問題，但對學校來説這總不是件好事，縮班的警鐘已經響起。

在個時刻，恰巧正是學校開展重建工作，不少持分者便提出質疑：「收生出現危機，為甚麼還要勞師動眾搞重建？」看來他們對於重建計劃抱有憂慮。

家長亦質疑，臨時校舍的設施不如理想，例如：校舍大堂只有舊校的四分之一，讓家長在大堂等候接送子女時，門內門外時常出現「人山人海」的情況，和舊校比較，他們自然有怨言。而且操場不夠大，大大影響到學生的體育活動。面對此情此景，頗有內憂外患的感受。

除了家長、學生受到影響，臨時校舍「獨特」的建築設計，亦影響到老師的教學工作。校舍是由三棟大樓連接而成的 H 型建築，教員室分散在三幢大樓，若然要由高年級教員室前往低年級教員室，都需要經過地下操場，步行一段距離才能夠到達。

這樣的設計，不但讓編排上課時間表的副校長「頭痕」，要仔細思考怎樣減低老師轉堂時的「步行」時間。而且「孤島式」的低年級教員室只能夠容納十多人，任教同一科目的主任、老師往往不能一起工作，影響了彼此的溝通，甚至許多教學安排及報告需要重複傳達幾遍，才能夠充分讓有關老師知悉。

我一直認為，主任、老師間的關係是教學成效的其中重要關鍵，但教員室「先天性」不足導致彼此變得疏離及陌生。

面對這種種困難，不但沒有擊沉我的信念，反而讓我愈戰愈勇，找尋不同方法來增強學校的競爭力。

學校仍然屹立不倒

聖雅各小學位於灣仔區校網，我們的鄰舍都是傳統名校，在這個強手如雲的區域，我鼓勵同事們：「依家我哋要行多兩里路，要加倍努力，學校才能捱得過去！」

當時我決定推出多元化的課外活動，例如：舞獅、花式滾軸溜冰等，務求做到「百花齊放」，用多種新奇的活動吸引學生參加，讓他們既可以享受愉快的校園生活，亦可以從中學習。除了豐富的活動，當然我亦要確保學生的學業成績一天比一天進步，不會「玩物喪志」，讓家長放心將小朋友交給我們。

有次教育局的視學官到學校檢視學校質素，他們向我說：「校長，你哋學校關注嘅事項好似唔係好聚焦，咩嘢範疇都有涉獵喎。」

我聽到他們的評語頓時「雙眼通紅」，感觸地表示：「你知唔知我哋搬到嚟呢度，無論條件、環境都好唔同，我哋面對嘅挑戰有幾咁嚴峻。你話我唔聚焦，咁就啱啦！I planned to be！我就係要百花齊放，響曬鑼鼓俾人知道我哋學校仍然屹立不倒。」

這四年的夾縫求生確實不容易，但是「關關難過關關過」，即使周遭環境多麼惡劣，但一樣可以活得精彩。有句說話我經常掛在口上：「無論去到任何處境，我哋唔係仍然生存就算，我哋係要活得更好！」

紅磚屋篇

穩定軍心要「先安內後攘外」

中國有句諺語「有麝自然香」，意思為只要有真本領，自然會被人發現。但現今社會除了有真材實料，還需要「宣揚」這個本領，將自己的優勢展現出來，別人才會得悉理解。否則「香味」未傳出去，就已經沒頂了。

固本培元建立口碑

聖雅各小學重建工程接近四年半，超過了原本的預期計劃。在這段過渡時間中，為了不影響學校收生，我都盡力讓新生家長知道，臨時校舍的種種困難只是暫時性的，隨著新校舍的落成，學生將會有更美好的校園生活。

當時我採取了「先安內後攘外」的策略。所謂「安內」，即是固本培元建立學校的口碑，強化校內的活潑學習環境，推出有趣的學習活動，讓學生享受到多姿多彩的校園生活，在這裡「學得開心，又袋到嘢走」。

小一自行收生是我們的重要收生階段，聖雅各小學是歷史悠久的學校，社會上有很多仍然十分支持學校的校友。他們生兒育女後，很多都會安排子女回來就讀父母的母校。再加上不少學生家中亦有弟妹，因此獲得校友及家長的支持至關重要，否則「連本來應該有嘅學生都走埋，咁就好弊啦」。

所以我經常強調，學校要先強化內部的作業，而非靠「賣口乖」作花巧宣傳。例如學校必須保證教學質素，妥善照顧學生，辦好具吸引力的活動。當家長及舊生知道學校辦得越來越出色，對學校產生信任感，自然會「唱好」我們，放心把子女交給我們。

向外說好聖雅各小學的故事

強化內部實力後，就要進行「攘外」的策略。第一步是即使我們當時仍然在臨時校舍，我們仍然邀請了友好的幼稚園師生及家長前來參觀，盡量將我們最好的一面展示出來。例如，我們在禮堂舉辦了一場視藝展，讓參觀的幼稚園學生在現場的工作坊做手工、畫畫，感受入讀後的生活。

第二步是發揮好自己作為校長的「功能」，盡可能出席區內幼稚園的家長講座，「說好聖雅各小學的故事」，讓更多人知道我們的辦學理念，以至看到未來新校舍的藍圖，將聖雅各小學的優勢傳揚出去。

在 2011 年五十周年時，我們除了在新伊館舉辦了大型校慶活動，還在當年的校刊中向家長展示新校舍的藍圖。因為即使孩子在那段時間入讀臨時校舍，到升讀小三或小四時，他們仍然有機會享受到新校舍的設施。藉此提醒家長銅鑼灣校舍是個暫借的地方，感激很多幼稚園校長也協助我們向家長發放這訊息。

雖然建校工程稍有延誤，但感恩在那四年多的時間中，家長一直都是學校的後盾，聖雅各小學的入學人數並沒有受到大影響。及至新校建成了雛形時，很多家長在地盤外圍觀望，便感受到校舍的美觀及宏偉。他們議論紛紛，期待回歸堅尼地道的一天。

在臨時校舍內舉行生菓日活動

集體智慧的三合一結晶

在香港要分別找到教堂、學校或社會服務大樓易如反掌，但要找到三合一的建築物恐怕並不容易。聖雅各小學在重建後便出現這個罕有「一棟過」的建築群，讓人感覺「你中有我，我中有你」。

是共同擁有的持分者

三合一的建築群外型，以至外牆都協調統一，但「學校始終需要有學校的味道」，即使與教堂和服務大樓相連，我覺得都要區分出來，讓學生感受到自己是來上學。對於設計我是門外漢，因此美化校園的任務，就交給副校長統籌，再由視藝科老師做主導。

視藝科老師提議分別在學校各樓層塗上不同顏色，用顏色代表不同年級，例如一年級的樓層塗上粉紫色；二、三年級塗上粉藍色。這不但讓學校處處色彩繽紛，充滿個性，並且透過這些個性化的設計，幫助學生透過顏色辨認到自己的課室，找到參照物來代表自己，達到適應新校舍，以及建立歸屬感。

除了美化校園，課室的設計我也給各科老師負責，因為他們才是「用家」，了解甚麼設計才是最合適。例如如何擺設視藝室的桌椅、怎樣安排音樂室座位、活動室用甚麼顏色的鏡簾，讓房間更加溫暖等。

這個共同建立校園的過程十分有趣，大家彷彿為自己的「新居」裝修，每處設計都是自己想要的心血結晶，讓老師感覺到自己是名符其實的持分者，這裡是屬於自己的地方。

所思所決都要合乎上帝心意

再以舊校的兩個大型十架苦像為例，新校落成後擺放在何處呢 ？ 我希望放在一些讓更多人看見的地方，讓人聯想到耶穌為世人的犧牲救贖。因此有一個放在禮堂，因為我們每個星期都在那裡進行周會，全校師生都必然看得見。

另外一個十架苦像，我思索了很久都想不到放在哪裡最適合，宗教課主任提議：「不如放在會議室。」因為學校的發展方向都是在會議室決定，是學校的「決策司令部」。無論是校董會、行政會議，所有重要決定都在這裡發生。

更重要是會議前的祈禱，都會祈求「我們所思所決都要合乎上帝的心意」。因此十架苦像放在會議室的意義深遠，可以警惕學校的決策人，自己不是全知全能，要謙卑、體貼地做決定，將一切榮耀歸於上帝。

學校每一隅的設計都是綜合不同人的智慧，並非「一言堂」，我有句話經常掛在口邊：「萬事有商量，但係決定在我」。意思不是説「有我講，冇你講」，反而是鼓勵同事踴躍提出意見，只要有助學校發展的，我都一一接納，讓大家各司其職、各展所長。

因為「決定在我」，事情最後不論好壞，作為領導就要「孭飛」，承擔事件的後果，如此才能讓同事們更放膽發揮創意，享受在學校的時間。

校董會的穿針引線

除了老師們的同心，不能缺少的還有校董會的支援！決定重建學校時，新生人數正在下滑，政府不易通過重建方案。然而憑藉校董會的穿針引線，成功讓時任教育局高官，例如羅范椒芬、謝凌潔貞等了解到重建計劃的重要，不但為灣仔區建造獨特的地標式建築，更讓學生獲得良好的學習環境。

經過一番游説後，教育局終於同意發出重建的「Supporting Document」。有了這份重要文件，我們才能在逆境中，爭取到政府超過二億元的重建資助，以及各政府部門的配合。

日本作家芥川龍之介曾經説：「我們每個人都是一小滴水，但聚在一起就能匯成海洋。」一個人的力量很渺小，只有團隊的力量才能將不可能變為可能。而聖雅各小學的重建，正是不同水滴匯合、滋潤，讓學校再次綠意盎然。

重建後被譽為「灣仔理工」的聖雅各小學

匯演中的生命教育舞台

無論中、西方社會，人們都很喜歡逢五逢十舉行周年慶典，五十周年則稱之為「金禧年」，畢竟經歷了半個世紀是個值得慶賀的日子。2011年適逢聖雅各小學的金禧年，我決定要舉辦一個令師生、家長都難以忘懷的校慶活動，渡過這個「普天同慶」的日子。

那年的生日派對我們選定在新伊館舉行，一來我們當時仍然在銅鑼灣臨時校舍上課，並不適合舉辦大型匯演。二來我希望藉此向外界表達，聖雅各小學沒有受環境影響，「仍然活得精彩」！

「大師兄回巢」之「群獅亂舞」

校慶匯演最令人回味的，相信是由學生及家長聯合擔綱演出，籌備達三年之久的「群獅亂舞」親子舞獅隊。學校組成了四十七隻「小獅子」，再加上由陸智夫國術總會率領的三隻專業獅子，合共五十隻獅子演出。

學校聘請到陸智夫國術總會作為指導，教導學生和家長舞獅基本功，原來他們的第三代傳人是聖雅各小學的畢業生，其中一位更是我當年「童軍仔」學生，現時年幼的第四代也是聖雅各小學的學生。這次演出可以説是「大師兄回巢」，帶領一班小師弟、小師妹表演，別具傳承意義。

學校當然更希望通過表演，即使年紀輕輕的學生也有能力做到成人的演出。在訓練過程中有更多機會接觸父母，建立更好的親子關係。

「家長合唱團」是滙演的另一高潮，在排練的過程中，他們或因為選歌、企位等事項意見不合，經過多次溝通、磨合才能夠協調。家長因此感同身受地了解到，要辦好「過到關」的活動需要耗費多少心機血汗。期望經過此事，他們更加信任、尊重學校，將來若遇到學校有錯漏的事務都會互相包容及體諒。

舞台上大放異彩的子女

學生始終是校慶活動表演的主角。校監當時對我説：「校慶匯演儘量俾多啲機會小朋友表演！」所以整個表演設計，是創造機會讓學生發掘不一樣的自己。也是個生命教育的舞台，透過不同的表演項目，讓他們明白讀書成績並不能定義自己的價值，每個人都有獨特的優點。

在籌備過程中的確有人認為，辦這個「大龍鳳」校慶會否有點鋪張浪費。我是不認同的，我們的初心不是為了 “show off” 自己，整個匯演設計，都是要讓學生發掘到自己的長處，增加學校、師生的歸屬感及凝聚力。

活動後很多家長感恩的説：「校長，我哋估唔到自己嘅仔女可以表演得咁好！」亦因為此點，足以向家長説明，評價小朋友不單只是學業成績。一些看似較頑皮、好動的子女，亦可以在舞台上大放異彩，這些體會亦是家長感到奇妙的地方。家長由此豐富了欣賞子女的角度，而學生也更明白自己的才華。

共同進退，增加歸屬感

更值得一提的是，因為老師人手不足以應付匯演，當年學校便招募了家長成為義工，在會場內照應大小事務。最讓我驚訝的，是當年的化妝組基本上全部由家長負責。原來他們的化妝技術及能力非常高，真意想不到！

匯演成功與否，幕後策劃及製作的 production team 是個關鍵。我們的製作團隊便是學校所有老師及同事，由舞台設計、表演者的走位、每個項目怎樣聚焦觀眾視線，到台下的秩序、座位安排等等，都是他們憑一己之力完成。

正因為大量的同事投入，拉近了他們之間的關係。須知在臨時校舍的三年，大家因著建築物先天性限制，溝通備受影響。藉著這次盛事，大家有了共同目標，打破地域界限，透過頻密合作提升同事的凝聚力，帶起學校的氛圍。不單是同事們，學生和家長都感受到和學校是共同進退，增加歸屬感。

五十周年校慶五十隻獅子演出「群獅亂舞」

新伊館匯演成絕唱？

五十周年校慶匯演後，有老師跟我説：「校長，今次應該係唯一一次喺新伊館做。」因為那段時間正值由半日制的上、下午兩校，改為全日制的一校人手，往後人力資源會大不相同。

的確如是，我當時也認為六十周年應該不會重臨新伊館舉辦校慶了。十年後的 2021 年校慶，更適逢新冠疫情，我們在校內聖雅各堂舉辦了簡單而隆重的感恩崇拜，以及閉環式的校慶嘉年華。而新伊館的校慶匯演，因此成為我教學生涯中美好而難忘的回憶。

鉅製篇

感動嘉賓 聚散有時

提起「製作公司」(production house)，很多人會想到演唱會或展覽會的製作團隊。但說到校慶，大家會想到是學校辦的慶典活動，兩者有點兒風馬牛不相及。但我靜心一想，原來不知不覺間我做了三十五年校慶的「搞手」。或許可以說，我是名符其實校慶的「業餘」production 負責人！

我的「校慶命」？

新兵報到，踏入聖雅各小學不久便遇上逢五年一次的校慶。當時是 1986 年的二十五周年校慶，那次的校慶比較簡單，我們在校內舉辦了感恩崇拜以及開放日。由於身兼童軍導師，我在露天校園搭建了童軍營地，讓參觀者感受童軍的氛圍，順便宣傳童軍活動。

1991 年的三十周年校慶，我已經是學校的主任，要肩負起較多的責任。適逢我們有位體育組長是前香港體操代表隊的成員，除了學生體操表演，他還編排了「砌字」演出，學生整齊有序的砌成「SJS30」校慶標誌，場面壯觀。

三十五周年校慶是個小小的「分水嶺」，我們的校慶由學校移師到大會堂，規模亦稍有不同。而 2001 年的四十周年校慶，亦是讓我「印象難忘」的一屆。

事緣在 2000 年我申請校長職位，若果申請成功，我便會調任至另一間聖公會小學。「幸好」我失敗了，要繼續留在聖雅各小學，自然我又要負起籌備 2001 年的校慶重任。如今回想這件往事，我不禁想，不知道當時的校董會，是否因為我的經歷較豐富，他們想我暫時留下籌備四十周年校慶呢？

我翌年再申請校長職位，終於成功了，2002 年我被派到靜山小學。怎料在那裡只待了兩年，我便被調回聖雅各小學。2006 年四十五周年在大會堂的校慶，自然又再落在我的身上，我的「校慶命」並沒有「斷纜」！

不忘家長的參與

大會堂的校慶節目也十分豐富，除了感恩崇拜，還有學生功夫表演，又組織「家長合唱團」讓家長一同參與，記得四十五周年那次，我們更邀請到歌星鍾鎮濤作壓軸嘉賓表演。他之所以出席校慶，因為他女兒是我們學校的學生，鍾鎮濤是我們家長的一分子呢。

五十周年在新伊館舉行的「群獅亂舞」校慶，總共出動了五十隻大獅，是聖雅各小學規模最大的一次校慶。

2016 年五十五周年校慶則是規模較小的一次。因為新校舍是在 2013 年落成，當年已經舉辦了一個獻校禮，再基於人手資源，我們便把校慶搬回校內。除了感恩崇拜，節目亦有花式溜冰及舞獅。

到六十周年校慶時，適逢新冠疫情，不適合以匯演方式進行活動，所以沒有開放給外界參加。我們邀請了五間聖公會幼稚園的師生及家長參觀，以及舉辦了兩日規模不大的嘉年華，「當係自己人慶祝下」。

一杯café的祝福

話雖如此，我亦在這兩次校慶中「搞搞新意思」。我主持了一個有趣的小環節，因著我喜歡喝咖啡，2016 年我坐陣在「校長 cafe」，親自沖咖啡給來賓品嚐。由於家長、校友都讚好，這活動便延伸至六十周年校慶。這次校慶亦是我退休前最後一次，我把這環節定名為「James 邦 · 聚散有時 cafe」。

我正在泡製「James 邦 · 聚散有時 cafe」

用這個名有兩個原因，「雅各」的英文名字是 James，「邦」則是我的中文名。適逢當時正上映一套熱門電影「007 · 生死有時」，我便來個二次創作，把活動名稱定為「James 邦 · 聚散有時 cafe」。在活動中，所有來賓都可以免費品嚐我手調的咖啡，感受到我臨別前的祝福。

一步一腳印，回想這七次校慶的足跡，我發覺自己的生命和聖雅各小學劃上了等號。在我心目中，同事們的任務並不單完成校慶活動，更盡心把每項內容以最好的成果感動嘉賓，傳遞出聖雅各小學的理念及價值觀。通過籌備製作過程，相信同事們已經一同進步，為我們這間「製作公司」增添意義和成就。

堅尼地道篇

先處理人再處理事

正所謂「國有國法，家有家規」，要維繫學校秩序便需要建立在校規之上。但規矩始終是「死」的，處理人事不能一味講求規矩，忽略了人與人之間的情感交流。如何平衡規矩和情理，有彈性地做好人事管理，是領導者一生的功課。

我的管理學啟蒙老師

人事管理並沒有與生俱來的能力，往往是從個人生活及工作經歷累積而來。回想起我的「管理學啟蒙」，源於求學時接觸的各類社區服務。

就讀教育學院時，我曾經在柴灣的社區擔任義工團團長，服務過程中一直有專業的社工從旁指導，令初出茅廬的我，了解到如何制定計劃、執行活動、聯繫不同義工等。策劃過程我需要不斷與同工磋商協調，把各自的想法形成共識，這個過程慢慢訓練我怎樣與不同性格及背景的人溝通。

後來，我獲得民政處社區幹事的兼職工作，接觸到的群體更加廣泛，面對人和事的關係亦愈發複雜。除了要與政府官員溝通，當時我所參與的是銅鑼灣大坑舊村改善計劃，亦經常要代表民政處「落區」，與村互助委員會開會，再將他們的想法向政府反映。

這種種的服務經驗，讓我領悟到：「要想完成一件事，最重要是處理好人事關係。」因為通常事情發生問題，都是源於各人的想法出現分歧。我們這時就要以同理心去了解他人的想法，先接納對方的情緒，再抽絲剝繭地表達自己的意見，最後求同存異地達成共識，如此大部分事情都可以迎刃而解。

專業底線不容僭越

雖然處理人事管理需要存在彈性，盡量動之以情、曉之以理，但學校亦是個有規有矩的地方，任何人如果惡意破壞秩序，侵犯了學校的底線，我是不能容許的。

記得曾經遇過一位家長，他氣沖沖來到校長室，不斷以粗言穢語辱罵老師。當時我立即輕輕拍一拍枱，嚴肅地表示：「家長，如果你繼續用這種態度及説話方式，我們無法繼續交流下去。」

我當時以強硬的姿態回應，因為學校是教學育人的場所，家長無禮的言語破壞了學校的規矩，如果我容許他繼續以這種方式溝通，學校的專業豈不是蕩然無存？

之後，這位家長因為與學校理念不符而讓小朋友退學。這件事我一直記在心中，經常反思自己所堅持的底線是否正確？抑或是我當年的功力未夠，處理不當？到現在仍然沒有明確答案，只是心存可惜，無法解開這位家長的心結。

規矩和情理的平衡實屬不易，但我相信每個人心中都是有感情，以及願意溝通的。只要在不違反大原則的基礎上，彼此坦誠交流，那麼在規則上添一點人情味，凡事都可以微笑解決。

堅尼地道篇

白紙黑字勝過千言萬語

上下午校合併，人事的變動在所難免。無論誰因此要退休，誰遭到遣散，我都是萬般不捨得。然而在這重大轉變的關口，竟發生了兩起問責和污衊風波，為轉制過程再添挑戰。

問責的來電

當時學校轉制計劃如箭在弦，我突然收到辦學團體其中一位高層來電，質疑我未經辦學團體許可便轉為全日制，引致聖公會屬下各小學的校長、職級都受影響，充滿問責的語氣。

我感覺到十分委屈，因為上下午校合併涉及整個行政架構，這必須是經過校董會討論和決定，再上報辦學團體後，校長才有權執行。而且學校行政的最終決定權，是屬於校監為首的校董會，校長沒有可能越權並私下作決定。

因此收到辦學團體這個「突如其來」的電話，讓原本已經為籌備轉制、削減人手而「頭痛」的我，感到更加氣餒。經過我一番澄清，並再度呈上校董會的會議記錄後，這位高層也表示歉意，並表示錯怪了我，這風波才得以平息。

我雖然知道辦學團體的來電是出於關心，但是這個「問責風波」委實難受。從而警惕了我往後在處理涉及「多方面利益」的問題時，必定要以多角度思考，明白事件對不同持分者的影響，讓自己經歷過的「冤屈」，不會重演在同事身上。

憑一面之詞的調查

在解決這個行政問題後，怎料一波剛平定另一波又起，我捲入了一場「不合理解僱」的風波。

學校轉為全日制後，部分同事無奈要離隊。為了秉持公道及有助學校發展，學校管理層和辦學團體同意，按照老師對學校的重要程度、科目的專業性、負責職位等能力，訂立一套評分制度，由老師對學校的貢獻值來決定去留。

然而這套去蕪存菁的制度，引致兩位評分較低的老師不滿，向香港教育專業人員協會（教協）誣告我徇私解僱他們。可惜教協一收到投訴，沒有作任何調查蒐證，便發信給教育局局長，教育局收到投訴後又立即通知聖雅各小學管理層，要對學校展開調查。

當時我是津貼小學議會主席，與教育局常有工作上的來往，他們應該了解我的為人作風，絕不會以不公道的手法對待同事。而且在聖雅各小學仍未改制時，我也會聘請因為縮班而失業的老師，甚至有些老師是通過教協的渠道而獲聘。

但這次教協僅憑那兩位老師的一面之詞，便向教育局投訴，局方於是要查閱學校會議文件，又要約見學校的教職員，了解我是否一位偏私不公的人，讓我感到很失望。

真理越辯越明，學校行政會議的記錄都可以證明，各人的評分準則是全校教職員都有參與，並非我一個人作的決定。

的確這兩位老師一直都有紀律和態度問題，他們不但曾經被家長投訴，又有不尊重學校行政措施的記錄，可見那次得出的結果是公平公正的。

經過這兩次風波後，我意識到文件記錄的重要。因為當事情涉及到利益糾紛，很多時涉事的一方都會要求對方拿出證據以作支持。所以我經常提醒後輩，即使是簡單的電郵也要好好保存，任何行政決策盡量以白紙黑字寫清楚，會議記錄更不可少。那樣對自己、對同事、對學校都是個保障。

堅尼地道篇

改制後梅花越發撲鼻香

2022 年新冠疫情放緩，不少學校為了盡快恢復實體授課，但又要減低校園傳播疫情風險，便採取「半日制」的上課模式。想不到一場新冠疫情，讓已經淡出教育界二十年的「半日制」授課死灰復燃！

早在七十年代至九十年代，政府為了解決學位短缺的難題，便推行上下午校授課，即一所學校分別由兩批教職員運作，共用學校設施。此次「半日制」授課重新復出，讓我回想起當年聖雅各小學上下午校合併時的點滴。

頂得住縮班潮嗎？

由上世紀九十年代中至本世紀初爆發「沙士」疫症，香港出生率都一直下滑，學校面對收生不足的情況下，縮班、殺校是必然的結果。

將上下午校轉成全日制，是普遍學校的解救辦法。但聖雅各小學在縮班潮的陰霾下，仍然堅持不願冒然轉制。因為當學校轉為全日制後，便要削減老師、文職及工友的人手。

更大問題是，如此大的改變若果處理不當，不但影響學校團隊的士氣，亦可能會動搖家長對學校質素的信心，影響未來的收生人數。隨時牽連下一學年的四班小一學生都收不足！

當時業界主流認為，只要學校夠實力便會得到家長歡迎，頂得住縮班潮，不用轉為全日制。而聖雅各小學在區內的名聲不差，教學質素亦有保證，我們也相信自己「有實力」，所以在 2006 年前沒有考慮轉制。

但學校位於灣仔區，附近名校林立，尤其是有許多傳統英文中學的直屬小學。家長在挑選小學時，都希望子女入讀這些「一條龍英中小學」。我們沒有直屬中學，沒有這項優勢，隨時也有機會出現收生不足的情況。我當時確實很擔心！

改變遊戲規則有如「敲山震虎」

無可否認，這個情況引起我要思考聖雅各小學的前景，但是加速學校轉制步伐的導火線，卻是當年的教育統籌局新的「遊戲規則」。

原本的準則是上、下午校每級要有四班，但無論下午校是否收生足夠，上午校都可以維持最基本二十四班的「大校」標準。不過當年教統局卻突然「出招」，「批班信」指出，上午校的小一只可以開三班，而下午校要開兩班。

這個做法可以用「敲山震虎」來形容，是用行政手段加速學校轉制。因為上午校一直都較下午校受家長青睞，即使當時收生下滑，我有信心上午校可以收到四班學生。為何教統局突然改變常規，以「3+2」的班數代替更為穩妥的「4+1」或「4+2」？

不轉全日制，最後就連上午校二十四班都不保。假設下午校收不到兩班一年級新生，到時學校想轉為全日制，教統局就會以上午校的班數來評級。這時學校不但會從一間「大校」降級為「細校」，一級校長降為二級校長，而且學校的津貼、老師比例又會削減，對學校更加得不償失。

「先安內後攘外」的無縫銜接

我在校董會提出這些擔憂，校監、校董都同意轉制是適切的選擇。我就沿用幫助靜山小學轉制的經驗，以循序漸進的方式，逐步將聖雅各小學轉為全日制。

轉變不能夠操之過急，要一步一步慢慢改變。當時我採取混合制的方式，既維持高年級原有的上下午校模式，又將新入學的小一生改為全日制授課。等待高年級畢業後，逐漸將半日制授課淡出。

要無縫銜接轉制，另一件重要的事情就是「先安內後攘外」。「安內」是指維持老師團隊的士氣，鼓勵老師在收生不穩的情況下切勿洩氣，努力在動盪的環境中穩住陣腳。「攘外」是指讓家長安心，我們向他們保證，繼續維持原有的教育質素，甚至可以為學生提供更長時間和更深入的學習及照顧。

上下午校的合併過程裡，學校同步在進行重建、搬遷校舍、適應臨時校舍，如此多的改變同時發生，的確是我和團隊的極大挑戰。但中國有句古語：「不經一番寒徹骨，怎得梅花撲鼻香？」看著現時聖雅各小學越辦越好，這番徹骨後的香甜值得細品。

「育人」是教育的初心

老師的天職是甚麼？我相信答案離不開「教書」、「育人」。「教書」是老師最基本的職責，訓練學生聽說讀寫的能力，明白所傳遞的知識。「育人」是教育工作者的初心，幫助學生建立品格情意，以正確的價值觀認識世界，開闊學生的視野。所以好老師要敢於突破安舒區，透過自己的經歷以生命引導下一代成長。

跳出舒適圈的選擇

記得二十年前，許多校長朋友都報讀「教育行政碩士學位」提升競爭力，令我也萌生進修的想法。但在選擇進修科目時，我卻產生了猶豫。

考慮到校長的日常工作與行政已經息息相關，自己一直在「learning by doing」，我問自己：「是否需要進修熟悉的領域？抑或跳出舒適圈選擇我感興趣的科目，例如輔導科？」

我帶著這個疑問請教我的中學老師，幫助我釐清自己的想法。老師分析：「我認同你選讀輔導，因為學校的行政核心是處理人事問題，老師、家長、學生全部都是對人的工作，只要處理好對方的情緒，行政管理的事務就容易解決。」

因此我決定跟隨自己的想法，報讀了理工大學的「諮詢與輔導文學碩士學位」，這個選擇亦改寫了我對教育管理的認知。

原生家庭的影響

進修期間，印象最深刻的莫過於「家庭治療」這科，除了這是我取得最高分的科目外，更令我明白到所謂「有問題」的學生，形成原因往往離不開他們的原生家庭。

試想宛如白紙般的小朋友，若成長於整天粗言穢語的家庭，在耳濡目染下怎能不受影響呢？所以我經常提醒老師，只靠懲罰來改正犯錯的學生，往往會出現反效果，導致學生的壞行為變本加厲。若然我們多用同理心去感化學生，讓他們感受到老師的關懷，善良的種子自然會在學生心中發芽。

當然「同理」不等於「認同」，我絕不支持學生的違規行為，亦不是完全否定懲罰的功用。我更期望老師要持守著「學生能夠從錯誤中學習」的心態，了解及同理學生的處境，繼而以相應方式去處理學生的情況，如此才能夠真正達到「育人」的效果。

知識、經歷缺一不可

現今香港的教育路線強調多元發展，老師的視野不能只停留在教授書本知識，要多些走出校園參與從未接觸過的活動，在經歷中擴闊自己的視野。

人生的時間有限，要在工作和經歷上取得平衡談何容易？其實擴闊視野的方法不只一種，有句話語一直幫助我用最短的時間學習到最多的知識，就是「識人好過識字。」

舉例説，一個人窮一生之力，恐怕也不可能獲得二十個博士學位。若果認識到二十個博士朋友，在某個領域遇到困難時，撥通此範疇博士朋友的電話，問題馬上可以得到解決。

古語有云：「讀萬卷書，行萬里路。」知識是智慧的來源，經歷則豐富了我們的人生，兩者對教育工作者都是缺一不可的特質。雖然獲取的過程漫長而艱辛，但當看見學生因著你的生命而得到成長和改變，一切的付出都是值得的。

初心篇

「靈魂工程師」的本分

「責任感」三個字看似簡單，但背後蘊含的重量卻難以想像。尤其是為人師表所承擔的責任，不只是一份工作，而是透過自己的生命，影響著學生的成長，這是每位老師畢生都不能夠忘記的使命。

敗在技不如人而非準備不足

回想初出茅廬，學校要我負責童軍及籃球隊的訓練。兩個活動在精神、時間上的消耗頗大，經常要佔用不少自己的私人時間。

例如：一旦準備進入學界籃球賽季，球隊除了恆常的校隊訓練，還要預約康文署的室內籃球場為球員「加操」，提升戰鬥力，幫助球員適應比賽場地，建立自信心。

這些課後的額外付出，是體育老師需要秉持的責任感。雖然會增加自己的擔子，比賽結果亦無法保證，但成為老師的那刻，就責無旁貸要傾出全部心力去培育學生。即使輸了比賽，也是敗在技不如人，而非因著準備不足而羞辱離場。

現今的體育科同工，許多仍能傳承這種無私精神，但我也聽聞有校長無奈嘆息：「有啲年輕同工，面試時講到天下無敵，實際做就有心無力。又計較自己與其他同工之間的工作時間，對課外活動嘅責任感越嚟越低。」

「唔返工都唔會餓死」

我成長於六、七十年代，香港的經濟還未起飛，普遍都來自基層家庭，如果能夠成為老師，有一份穩定又合乎自己心意的工作，心中是滿懷感恩和珍惜。

目下年輕人的環境改善，大部分都無需煩惱生活或負擔家庭。當工作遇上不如意，隨時可以選擇辭職、轉工，甚至在家中躺平，由父母照顧。

這種「唔返工都唔會餓死」的社會現象，間接令年輕人不懂得珍惜工作，不會思考工作的意義。更不用説諸如責任感，獲得上級和同事的認可，保持自己的競爭力等。

「公主病、王子病」的陋習

家庭結構的改變，亦改寫了年輕人對工作的想法。出生率下降、家庭成員減少，孩子都是「一個起兩個止，每個都是天之驕子。」

普遍成長在小康之家的年輕人，自小在無憂無慮的溫室成長，養成了「公主病、王子病」的陋習，導致長大後缺乏危機感，將固有偏差的價值觀帶到工作場合，從而形成了新一代的躺平文化。

專業的老師要堅守責任，以正確的價值觀栽培下一代，甚至要以身作則去引導學生，更要用愛心陪伴學生成長。

差一點誤傷了校長

我經常與校友們分享我這個工作故事，當年還是下午校的體育老師時，我的上課時間是下午一時至六時，通常為了帶領童軍，我早上十時已經回到學校。六時放學後又要繼續訓練籃球隊，很多時到晚上八點左右才完成工作離校。

某個晚上，當我在教職員更衣室換完衣服，落樓梯準備離校，學校的樓梯燈已經關閉，只有少許街燈照入。突然有個模糊的黑影在我面前閃過，嚇了我一跳，本能地想揮拳自衛，孰料那個黑影輕聲説：「啊邦，咁夜仲未收工啊？」原來是住在學校宿舍的校長，自己差一點誤傷了他！

這種早出晚歸的生活，差不多是每日的循環。你問我是否有怨言？我認為這是身為老師、教練理所當然的責任，沒有計算過付出和回報是否成正比。

被學校牧師看在眼裡的行為

經過五年的老師生涯，我默默的付出原來一直被學校牧師看在眼裡。當時我有機會申請主任一職，但因為我只有五年經驗，晉升為主任可以説是機會渺茫，所以只是抱著「一試無妨」的心態。

怎料牧師竟然在遴選委員會上為我美言：「張 sir 好勤力啊，佢晚晚開工都唔使走嘅。」原來他住在學校隔鄰的教會頂層宿舍，很多時看到我晚上七、八時仍和學生練球。默默的付出，意外獲得了校長、牧師的賞識和提拔。

老師一定要愛自己的學生，無需與別人比較付出的多寡，單純地向學生展現自己的熱忱，就如對待另一半或者家人般，如此便不會覺得付出是種犧牲。看見學生幸福自己亦會感到開心，這是身為「人類靈魂工程師」應該做的本分。

初心篇

從內而外散發的同理心

學生犯錯老師如何處理呢？口頭警告、留堂、扣操行分等等方式固然可以達到警戒作用，但單純處罰是否可以幫助學生知錯能改呢？我相信並沒有絕對的答案，關鍵在於老師如何保持「同理心」去對待學生，理解他們的需要，找出最適切的教育方法。

同理心的七個關鍵入門

哈佛醫學院精神醫學臨床副教授海倫·萊斯 (Helen Riess) 寫過一本關於同理心的書，她定義同理心是：「當看出窗外，有人在寒冷的雨中發抖時，你願意走出去站在這人身旁，感同身受這個人的不舒服和困境，與他一起體會及表達關懷。」

萊斯更將同理心的英文「E.M.P.A.T.H.Y」拆開成七個關鍵字，成為訓練同理心的入門心法。

E 代表眼神接觸 (Eye contact)，當人與人溝通時需要目光專注在對方，表示彼此真誠地對話；

M 代表臉部表情 (Muscle of facial expression)，除了眼神交流，臉部肌肉也是表達情感的重要渠道，因此在疫情期間，人人都戴口罩，相互關係的建立便十分困難；

P 代表肢體語言 (Posture)，曾經有個實驗，同一位醫生用兩種方式面對病人，一種是彎腰並靠近病人進行溝通，一種是站立並保持距離地溝通，前者的行為更能讓病人感受到醫生的關懷。

A 代表情感 (Affect)，回應時要帶有感情，甚至將自己的情緒轉化成文字，透過語言表達出來；

T 代表音調 (Tone)，説話時聲線不要長期維持在同一個音頻，透過音調高低來傳達出內心的情緒，感情會更加真摯；

H 代表傾聽全人 (Hearing the whole person)，在聆聽對方説話時，不要只聽取話語的表面，需要摸索話語背後的真實意思，因為在溝通時，人難免會隱藏或表達不清內心的想法；

Y 代表你的反應 (Your response)，理解對方的情緒和困難後，透過行動去回應對方的説話，進一步幫助對方走出困局；

最後兩點「H」和「Y」，是同理心最關鍵的元素。

「花名」的同理心思考

最近教育局推出《教師專業操守指引》，其中有一項「不可以為學生改花名」引起不少討論。普遍人認為，老師親切地用「花名」稱呼學生，是為了與他們打成一片，並無不當。

有傳媒曾經問我：「如果有個學生游水好叻，老師叫他『小飛魚』，『小飛魚』算係個讚賞，點解咁都唔得？」

我答：「叫佢『小飛魚』以為係讚緊佢，但所謂『説者無意，聽者有心』。當老師用呢個花名叫佢，相信同學都會咁叫佢，嗰位學生係咪真係鍾意？甚至到最後，會否演化成同學嘲笑佢嘅稱呼呢？」

我再舉例：「有位成績優異嘅學生，老師叫佢做『小狀元』，點知佢所有兄弟姊妹讀書都好叻，全家成績最差竟然係佢。『小狀元』呢個名喺學生耳中就唔再係褒獎，而係個諷刺。」

可見一個自以為褒獎的「花名」，在不同處境下會衍生出不同的意義。因此身為教育工作者要用同理心去思考，才可以因材施教地培養學生。

建立富同理心的校園文化

要建立富同理心的校園文化，要從管理層開始改變。因為管理層好像舞龍隊的龍頭，控制著全隊的方向和節奏。如果龍頭一味向前衝，忽視團隊的配合，隊伍便會分崩離析。

相反若管理層願意與主任及老師溝通交流，了解每位同事的特質，身體力行地宣揚同理心文化，便會「層層影響」。不過要熟練掌握同理心的運用，通常離不開個人的歷練。

年輕老師如果肯花時間觀察和訓練，例如在大學期間踴躍參與不同義務工作、社區工作，甚至和教育相關的兼職工作，從中訓練待人的同理心。正式踏入職場後，同理心的功力是有機會媲美資深老師的。

一個人的同理心和年齡長幼、學歷高低無關，重要是能否堅持不懈地訓練個人的「同理」能力，慢慢養成習慣，再內化成價值觀。由此，同理心就會從內而外地散發。當作出任何決定時，自然會先從別人的角度思考，對教育工作甚至自己的人生都會無往而不利。

「三公」為學界體育寫下新一頁

為人公道、公平、公正，是我的座右銘。我是讀體育的，體育競技很重視相互合作、公平競爭。在我擔任「香港學界體育聯會」的小學體育理事會主席時，便本著這個理念及價值觀，促成及完善了兩項小學學界比賽制度的改革。

拉埋全港學校一齊比賽

「香港學界體育聯會」是負責全港中、小學校際運動比賽及對外運動比賽的組織，在我擔任小學體育理事會主席時，新界區和港九區學校是分開兩個地域各自辦賽事。名義上雖然是「學界比賽」，實際上卻缺乏全港認受性，說是地區賽事也不為過。既然大家同隸屬一個聯會，全港學校應否「拉埋一齊」比賽呢？

香港家庭經常搬遷，曾經有家長反映，不明白為何由港島區搬至新界區後，子女參加同一類運動的校際比賽，賽制竟然有分別！對一直認真訓練的學生並不公平。

終於在一番努力下，各項運動能夠統一作全港性的競賽。無論田徑、游泳、球類，港九新界都有冠軍學校代表在同一賽制下爭逐錦標，奪得錦標名符其實是全港冠軍。

怎能獨欠九龍南

我另一個更艱巨的任務，亦是和地域改革有關，是重劃九龍區的學校區域。先看當年的學校分區：新界十一區，港島分東、西兩區，九龍分東、西、北三區，心水清的立即會發現獨欠九龍南！但這個劃分沿用了接近二十年。

當年我出任小學體育理事會主席時，已經接獲有學校投訴，表示這個劃分有欠公平。原來當時政府大力發展九龍東，當區有接近七十間學校，而另一些分區則只有四十多間。越多學校的區域，學生便越難取得好成績。

其實理事會亦曾經討論過重新劃區的建議，可惜因為種種原因並未實行，我決定坐言起行把它落實。我的想法是把九龍區分成東、南、西、北四區，於是和秘書處研究，怎樣重新劃區，最重要是盡量平均分配四區學校的學校數目，造福參加比賽的學生。

一直以來，小學學生都是以就近入學為原則，所以各學校都有劃分區域的概念。我亦參考了小學學校的分區劃線，甚至把啟德行車隧道亦作為區線，再由九龍西、九龍東各撥調了一些學校組成了九龍南。幾經「左度右度」，終於相對平均劃分了九龍四個區，每區約有四十多間學校。

深入溝通，抒發感受

變動總有得有失，一些體育強校過往競爭對手不多，現在突然優勢盡失。因為重新劃區後多了一些實力分子，他們自然提出反對，這是無可厚非，我更是理解的。所以我們先作了廣泛諮詢，特別和最受影響的學校深入溝通，讓他們抒發感受。在大家有傾有講，萬事有商量的氣氛下，普遍學校都是支持的。

除了溝通，我們亦作出實際行動，顧及一些強隊的感受。原來傳統上，他們在連續多年拿下冠軍後獲頒「XX年連冠」榮譽。為了不讓他們覺得在新方案後連冠榮譽「斷纜」，重新劃區當屆起，取消頒發「連冠」榮譽，以往得到的榮譽學校可以永久保存。

到最後關頭，我決定召開全體會員學校諮詢大會，願意當面和衆持分者見面交流。當時很多小學體育理事會的執委都是由校長出任，他們較能站在宏觀角度看問題，結果在「驚濤駭浪」中通過了這個新的分區方案。

這個工作看似有點「吃力不討好」。但回想整個「劃區」工程，我感恩得到很多同行的信任和支持。我任職的聖雅各小學位於港島區，過程中，沒有涉及學校及個人利益，做到不偏不倚。尤其在處理衆人的事務時，公平、公正、公道是十分重要的。持守著這「三公」，才可以為學界體育寫下新的一頁。

「資小」就事論事成功轉型之路

「轉型」是渴望進步的必經之路，只有持續不斷改進才可以回應時代的需要。就以教育為例，傳統的教學工具是以書本、練習紙為主。隨著資訊科技發展，教學模式漸趨數碼化，電腦、智能手機成為學習必備工具。但轉型絕非朝夕間的事，在質疑和壓力下，抱著怎樣的心態應對就至關重要。

資小轉型之路的帷幕

香港資助小學校長會 (資小) 和津貼小學議會 (津小)，是擔當教育當局與小學業界之間溝通的兩大組織。兩會都十分關注教育議題和發展，向政府反映教育政策的意見。但在兩會成立之初，他們的定位和認受性與現時的狀況截然不同。

津小最初在七十年代成立，議會成員全部是由政府委任。在九十年重組為民間自務組織，分為「津貼中學議會」及「津貼小學議會」，常務委員由議會會員投票選舉而成。在成立初期已經是政府認可的教育諮詢團體。

資小雖然早於 1983 成立，屬非牟利的法定工會組織，但是因著工會的性質，是以聯誼和康樂活動為主，最初並非教育當局認可的諮詢團體。當林湘雲校長出任資小主席後，為資小轉型之路正式拉開帷幕。

林校長是位敢於求新求變的人，二十多年前當融合教育仍未普及時，他已經於聖公會日修小學開先河，在主流學校錄取有特殊教育需要的學生，培養了一批教導及照顧有特殊教育需要學生的老師，致力推行融合教育新方向，可以說他是「融合教育之父」！

正因林校長這種大膽突破的理念，當他領導資小時決定轉型，改變工會形式的聯誼形象，主動以資小主席的身分參與教育政策諮詢會，為融合教育需要提供意見，努力證明資小願意承擔教育的發展。

「忽視」不會令意見「消失」

其後幾位主席均傳承林校長的理念，直至我成為資小主席後多次接受傳媒訪問講述教育議題，普遍得到業界和社會人士認同。資小的專業形象逐漸強化起來，這時我卻收到教育當局一位高官的來電。

「津貼小學議會是當局正式諮詢的組織，而香港資助小學校長會的意見，我們不一定會聽取。」在付出時間及努力後，卻接到這個富挑戰性的來電，正常來説都會感到失落與不快。

不過我並不是個輕易被擊倒的人，我當時認真地回應：「明白嘅。如果你哋覺得資小有幫到手嘅地方，又願意同我哋傾，我哋好願意配合。如果你哋覺得無須諮詢我哋，咁我哋只能夠憑自己對有關議題嘅認知，向傳媒表述資小嘅睇法。」

盡心出謀獻策獲得認同

當時不管當局是否認可資小，我們都秉持「小罵大幫忙」的方式，理性地回應社會對教育議題的查詢，只要認為政策有問題，我們便會「就事論事」提出意見。遇著有建設性的教育政策，資小亦會成為傳播的渠道，發放出正面的訊息。

皇天不負有心人，我之後我以資小主席身分參與過很多不同的教育議題，如學校鉛水事件、元朗書店賣假書事件、TSA 是否要暫停爭議等，我們都盡心出謀獻策，成為當局與業界之間的橋樑，提供有效的解決方案。

經過我和歷屆主席的努力，資小除了維持原有的聯誼功能，更慢慢在政府和教育界佔有一定的位置，成功轉型為專業的教育諮詢團體。我可以自豪地說：「現時任何小學方面的教育諮詢，有津小就一定有資小，『兩會』都在為本港的小學教育作出貢獻」。

HK Aided Primary School Heads Association
香港資助小學校長會

公職篇

盡吸前輩主席精華

跟隨不同風格的上司，儘管工作內容相似，但收穫的經驗卻可以有很大差異。而領導風格的不同，往往取決於領導者的個性和歷練，沒有所謂「正確」的領導方式。不過作為教育工作的領導者，風格可以相異，卻不斷提醒自己：「無論行事決策的風格如何，謙卑育人的心始終不變。」

帶來不一樣影響的主席作風

經歷二十載香港資助小學校長會和津貼小學議會的公職生涯，我認知到身為政府認可的諮詢團體主席，要經常留意自己的一言一行，因為主席的言行不只代表自己，還反映著業界的形象。

在我出任主席時，有個小習慣是「Don't show your hands」。有心理研究指出，身體語言比語言更真實，往往細微的動作就傳達出內心的想法，讓人看透自己的情緒。因此當接受傳媒訪問時，我會安穩地平放雙手，展現出冷靜淡定的業界主席專業形象。

主席除了保持專業，顧及每間會員學校的需要尤其重要。教育組織有別於商業機構，學校之間雖然存在競爭，「但我哋係辦教育，唔係打緊你死我活嘅鬥爭！」主席表述教育看法時，切忌用以偏概全的意見代表整體業界的立場，保持公正公道是主席的本分。這並不容易，我至今仍然在學習。

我與歷屆不同的主席共事後，發現各人的處事風格都會為團體帶來新氣象，即或同類型議題也會因著不同作風的主席，帶來不一樣的影響。

細說三種類型的主席

有三種類型的主席，是我多年出任公職觀察到的。第一種是「提攜後輩型」主席。校長生涯有限，如何在有限的時間裡，從新丁校長成長為獨當一面的校長，回看時離不開業界中不同主席和校長前輩們的提攜。

有幸在他們的推薦下，我才有機會「行多一里路」，承擔校內職務以外的公職服務，從而讓我有更多機會面對社會、國家、世界，收穫更廣闊的教育視野，讓聖雅各小學與外界接軌。

第二種是「強勢型」主席。「強勢」在現今「反權威」的社會氛圍下，可能會帶來反感。但任何教育團體主席的職責，都是領導群雄向政府反映政策及表達立場，若果無法在社會鏗鏘有聲堅定的發表言論，回應質疑，那麼如何得到會員的支持？

不過我所講的「強勢型」主席是指處事風格上的強勢，在待人接物上卻是謙和有禮的親民主席。所謂「禮多人不怪」，主席謙遜有禮不等於性格懦弱，反而體現出自己是位謙卑和強勢兼備的主席，這除了是為人的基本禮儀，更會得著眾人的支持。

第三種是「面面俱圓型」主席。這種主席通常都是位「大好人」，當收到反對的聲音，因著不想得罪任何持份者，就會停下前進腳步說出口頭禪：「唔好急，再傾下先！」這句「傾下先」可能會將事情延遲一年又一年，直到下屆主席上任，議題再次從零開始討論。

我不禁反思，「面面俱圓型」主席的風格是不是值得效法？任何一件事情都沒有可能得到 100% 的支持，必定有人持其他立場，而我的職責就是在不同的意見中找出最適切的方法，既按大多數人的意願推行或表達政策，但亦要盡力照顧反對者的看法。否則許多政策都無法推行，陷入停滯不前的循環。

我以敬師日籌備委員會主席出席敬師日活動，左為教育統籌委員會時任主席雷添良先生

保持謙卑學習心態

每種風格的主席都有其優劣，但我一直堅信無論是甚麼作風，都要保持謙卑學習的心態。有前輩主席時常提醒我：「阿邦，做咗鬼就會迷人㗎啦！」這句話是指當人面對權勢，往往會被蒙蔽雙眼，做出違背本心的決定。

因此任何風格的領導者，都必須要時刻省視自己的不足。將別人的缺點視為警惕，避免重蹈覆轍，並且內化他人的優點，成為屬於自己的一部分，最後以僕人的心態服務組織。只有放下身段，發自內心地關懷團體每位成員，才可以成為優秀的領導者。

公職篇

責之所在，無懼發聲

考試往往是很多亞洲地區學生學習生涯的現實寫照。在求學階段裡，試卷上的一個剔、一個交叉，都可以關乎他們未來人生的走向。

以事論事表達業界聲音

2015 年，香港爆發大規模廢除 TSA (全港性系統評估) 的聲音。講述 TSA 的爭議，需要先回顧 2004 年政府推出這個評估的目的。評估的對象是小三、小六及中三學生，學生需要面對校本課程以外的學科評估，以收集全港學校的學科達標率，讓教育局有充足的數據，制定改善學與教成效的校本計劃和教育政策。

TSA 持續推行多年後，不少社會人士認為，評估令學校過分操練學生，扼殺了他們的求學熱誠，質疑其存在意義。TSA 的目標和結果慢慢「變質」，部份學校為「達標率」做著毫無意義的操練，取消 TSA 的聲音不斷發酵。

正值 TSA 去留議題的高峰時，香港電台邀請我成為「香港家書」節目的嘉賓，透過朗誦書信的形式，表達我對 TSA 的去留和個人感受。我收到邀請後立即答應，因為這是千載難逢的機會，以廣播平台來表達小學業界對 TSA 的看法，讓市民大眾了解我們的想法。

即使錄製的時間十分急迫，我也提醒自己家書的內容，必須是以議事論事的態度表達業界的聲音，一旦有偏頗，影響的不只是自己，而是整個業界的專業性。

發自內心的心聲

家書的收信人是我以前的學生「阿錦」，之所以選擇她作為對象，因為她的女兒當時亦就讀於聖雅各小學，即是說，母女二人都是我的學生，表達出這封書信不只是社會評論，還是一封發自內心我對兩代學生的心聲。

憑著多年在教育界服務的經驗，我的確觀察到 TSA 出現「走樣」趨勢。考卷越來越刁鑽，學校不斷比拚達標率，學生逐漸淪為操卷機器。種種現象讓我反思是否要暫停這個評核，檢視到底出現了甚麼問題？

TSA 確實有其存在價值，就如過往的小學會考、升中試和學能測驗般，這些全港性學生考核，能夠收集到學生的學習數據，再針對性地制定改善學習的政策，因材施教幫助學生。因此 TSA 真正引人詬病的，並非考核本身或者操練的多寡，而是考核的「變質」。

加操？不一定帶來反感

就以我帶籃球隊為例，如果因為比賽臨近，我提議球隊每星期由練習一次加至練習三次，隊員們都會拍掌贊成。由此想一想，為何籃球隊加操對學生是享受，而 TSA 的操練卻受到多方面的抨擊？

因為 TSA 的操練「不貼近學生需要」，考核內容與校本無關，學生需要額外花時間學習，加重他們的學業壓力。所以我建議 TSA 要改變試題內容及考核模式，符合學生實際學習需求，而教育局亦因此有責任，全面剖析 TSA 的操練對學生帶來甚麼優劣點。

教育的目的，是為學生塑造愉悦的學習環境，幫助他們在求學的過程中找到人生方向。我明白建議暫停 TSA 的言論，會引致部份教育局高層不滿，但是責之所在，我無懼發聲。做人做事，總會有不同看法及意見，只要秉持公平公正，光明磊落，凡事「以事論事，並非針對任何人」，最終總會得到尊重及理解。

公職篇

專業待遇的拉鋸戰

從事教育四十載，深知傳遞「知識」不容易，要改變一個人的思想，建立新的價值觀更困難。猶如栽種樹苗，若非擺放大量時間、心機，很難有理想的結果。改變一個人經已如此艱難，何況改革一個制度？

並不對等的付出與回報

小學教職員的薪級表，一直是沿用幾十年前訂立半日制及文憑教師的標準。但99% 的小學在 2017 年已經轉為全日制，老師工作量與前大不相同。在計算薪酬的方式沒有改變下，付出與回報並不對等。小學主任、副校長以至校長的職級薪酬更顯得不合理，小學教師專業階梯與中學參照下，落差實在太大。

此情形已經持續了長時間，自從 2001/02 逐步推行小學老師學位政策後，小學及中學老師同樣擁有學位、相同的師資培訓及入職要求，「小學與中學同工不同酬」的聲音便開始出現。

例如一位三十六班的小學校長頂薪，只等同一位十八班的中學副校長薪酬。說實話，小學校長的工作壓力、人事管理、行政決策，一定比中學副校長更為吃力！

「天秤相片」的喻意

2017 年，我以香港小學教育領導學會主席身份，聯同其他六個教育組織*，召開了一場聲勢浩大的聯合記者會，闡述當時小學薪酬架構的不合理情況，期望政府在施政報告中關注及改善這積存已久的問題。

在記者會中，過百位小學校長高舉一張「天秤相片」合照，借此表達小學業界面對不公平的心聲。

沒多久，我再獲香港電台「香港家書」節目第二次邀請，闡釋爭取理順小學教職員薪級表的來龍去脈。自此，我踏上理順「專業待遇拉鋸戰」的長征路途！

談待遇不能只討論人工

改革之路挑戰不斷，坊間不少誤會，認為所謂理順小學教職員薪酬等同「為自己爭取加人工」，挖苦我們的理據只是冠冕堂皇的包裝等等。

當初政府無意積極處理此事，不斷提出各種理由推搪，例如指出香港教師薪酬已經領跑亞洲等。和亞洲地方比較，香港老師的確是「高人工」。

還記得 1985 年「國際青年年」時，我到日本交流，接待我們是位日本老師。我們閒聊時發現，當時香港老師的薪酬已經超越大部分日本老師。

不過「專業待遇」不能只討論「人工的高低」，還要從整體教育的角度出發。過去政府的教育資源向大專和中學教育傾斜，在梁振英出任特首期間，也為幼兒教師訂立合理薪酬，但小學老師的待遇幾十年來都備受忽視。

無緣「享受」調整後的薪酬

我發起記者會和參與「家書」的錄製，正是希望小學業界能得到公平的對待，讓有志從事小學教育的年輕人，不會因為待遇而打擊他們的熱誠，拖垮業界未來的發展。

2022 年 7 月 15 日，全港小學教師及校長同工終於收到好消息，因為當日立法會通過有關議案。我當時代表七會發信向議員表示歡迎有關決定，並形容是肯定了小學教育同工多年的努力，認同其專業能力，「讓我們更有堅持走下去的動力」。

2022 年 9 月，政府落實理順小學校長薪酬，並且改善小學中層人手，平均每間小學增加四個中層職位，逐漸合理化小學管理架構。

我剛巧在那年退休，無緣「享受」調整後的薪酬。但聽到這個消息後，看見爭取多年的目標終於水到渠成，預示到小學業界未來的發展將會越來越好，內心的滿足感非筆墨所能形容。

成功的背後，「家書」功不可沒，它將小學業界的聲音傳遞出去，讓大眾了解到我們的心聲，作出了里程碑式的記錄，令這場為公道而發聲的小學專業待遇改革留下了永不磨滅的聲音。

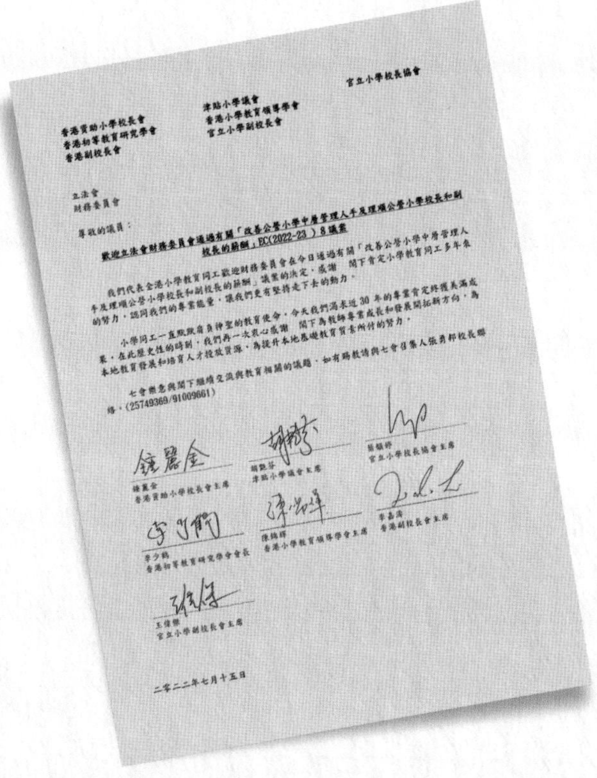

官立小學校長協會

香港資助小學校長會
香港初等教育研究學會
香港副校長會

津貼小學議會
香港小學教育領導學會
官立小學副校長會

立法會
財務委員會

尊敬的議員：

歡迎立法會財務委員會通過有關「改善公營小學中層管理人手及理順公營小學校長和副校長的薪酬」EC(2022-23）8議案

我們代表全港小學教育同工歡迎財務委員會在今日通過有關「改善公營小學中層管理人手及理順公營小學校長和副校長的薪酬」議案的決定，感謝 閣下肯定小學教育同工多年來的努力，認同我們的專業能量，讓我們更有堅持走下去的動力。

小學同工一直默默肩負神聖的教育使命，今天我們渴求近 30 年的專業肯定終獲美滿成果，在此歷史性的時刻，我們再一次衷心感謝 閣下為教師專業成長和發展開拓新方向，為本地教育發展和培育人才投放資源，為提升本地基礎教育質素所付的努力。

七會樂意與閣下繼續交流與教育相關的議題，如有賜教請與七會召集人張勇邦校長聯絡。(25749369/91009661)

鍾麗金
香港資助小學校長會主席

胡艷芬
津貼小學議會主席

蔡碩婷
官立小學校長協會主席

李少鶴
香港初等教育研究學會會長

陳錦輝
香港小學教育領導學會主席

李嘉濤
香港副校長會主席

王偉傑
官立小學副校長會主席

二零二二年七月十五日

* 除了香港小學教育領導學會，
其餘六個教育團體為：

香港資助小學校長會

津貼小學議會

官立小學校長協會

香港初等教育研究學會

香港副校長會

官立小學副校長會

我代表七會向立法會議員發信表示歡迎通過「理順小學教育專業待遇」議案

力挽頹勢的「最後一擊」

荀子有云：「水能載舟，亦能覆舟」，這句說話是比喻事物使用得當則有利，不當則有害。在教育界多年，有幸參與不同的公職，不時要和不同領域的界別合作，傳媒界當然是其中之一。

合作共贏添助力

坦白說，在合作過程中，少不免要彼此磨合，謹慎應對。這些年來的交往，使我深明若果能夠和傳媒合作，達到彼此各取所需的共贏局面，可以為我們孩子的福祉添上一筆功績。

數年前，政府委任我加入「吸煙與健康委員會」。委員會的主要工作，是提高及教育市民有關吸煙與健康的知識，策劃及統籌反吸煙運動，令市民更認識煙草禍害，保障市民健康。

當時政府正在審議全面禁止電子煙和加熱煙議案，我身為教育界一分子，自然關注到我們莘莘學子的健康，要全面阻截電子煙和加熱煙滲入校園。但是經過一段時間的公眾諮詢，我們發現市民普遍對議案的關注度並不高，立法會議員都傾向反對政府的提案。

即使是委員會內都感覺到，政府的立法建議很難成功闖關，沒有辦法禁絕電子煙和加熱煙。委員會已作了最壞打算，極其量只能夠禁到其中一種。

聲明 + 訪問雙管齊下

正當委員們都心灰意冷時，我心有不甘，認為禁煙議案是造福下一代的大是大非問題。我作出「最後一擊」，希望力挽頹勢。在得到委員會主席湯修齊同意下，我聯絡到教育界的十個校長會及學校議會，共同發出聯合聲明，力陳禁煙議案對青少年的重要。

這時，傳媒成為我們「最後一擊」的「載舟之水」。我聯絡到曾經訪問過我的傳媒朋友，表示教育界對禁煙的態度，期望通過傳媒，傳達出禁煙的深遠影響。

始料不及的是，這位傳媒朋友不但全力支持，將聲明轉介至廣告部，以優惠價刊登。還相約我做了專題訪問，探討議案的來龍去脈，以及對社會尤其是學生的不良影響，在刊登聲明同日見報。

這個聲明及訪問出街後，果然引起到市民大衆的關注，立法會議員亦因此更了解禁煙的重要，成功扭轉了議案不獲通過的劣勢，全面禁電子煙加熱煙的議案最終獲得通過。

這次寶貴的經歷讓我體會到，任何界別都不能獨善其身，而且「天下無不是朋友」，在傳媒界中亦不乏「好幫手」。只要我們看通了「水能載舟，亦能覆舟」的道理，便不難拿捏到跨領域的良好協作。

禁止進口、推廣、製造、
售賣或為商業目的而
管有另類吸煙產品
Ban on import, promotion, manufacture, sale
or possession for commercial purposes of
alternative smoking products
2022年4月30日起實施
The legislation comes into operation on 30 April 2022

造福教育界的「載舟」道理

新冠疫情困擾了全港市民三年多，教育界自然不能倖免。繼 2020 年後，2022 年教育局再次因疫情取消「中一入學前香港學科測驗」的抽樣安排。部分學界和家長都表示不同意，認為此舉對力求進步的學生並不公平，我又成為傳媒界朋友走訪的目標之一。

堅持原則立場

在回應他們之前，要先弄清楚教育局這個決定背後的原因。教育局認為，疫情下的學生，已經面對健康、社交、學習進度等大大小小的問題，如果繼續維持測驗抽樣的安排，學生必然會面對極大的壓力。

得知教育局的原因後，我亦支持他們取消測驗的抽樣安排。面對傳媒時，我堅定自己的立場，繼而解釋我立場背後的原因。不論他們提問的方式如何改變，我都會「堅持原則和立場」，切忌搖擺不定。我知道我的發言不單是自己的看法，更兼具校長身分，以及代表校長的立場，些許的失言都有很大的影響。

累積多年面對傳媒的經驗，啟發了我一些做人做事的道理。以取消「學科測驗抽樣安排」為例，我回應前需要作好充分的準備，明白事情的來龍去脈，決定了自己的立場後便要堅持。教育其中的關鍵在於「堅定的信念」，不論傳媒用甚麼方式提問，我都要堅持正確的道理，這是教育工作者應有的態度。

「回帶」反思力求進步

教育是我的專業，但在培訓過程中沒有教授公關技巧的科目，加上沒有多少人天生懂得面對傳媒，所以我需要不斷學習。很多人說我能夠對答如流回應傳媒的提問，原因除了自己熱愛與人溝通，最重要的是每次訪問後我都會「回帶」反思。

以電台採訪為例，每次新聞出街後，我會請他們將訪問錄音發給我。我會逐句聆聽自己的回答，因為我相信，每次回答都不完美，很多時都要在這些錯漏中學習，加強自己的對答能力。不過當太太知道我回聽自己的訪問時便說：「你聽嘅時候，唔好逼我一齊聽啊！」

我可以放膽適時回應傳媒的查詢，更必須感謝學校的全力支持。我很感恩校監、校董會的完全信任，讓我有很大的自由度發表意見。這種信任是相輔相成的，唯有當學校管理層相信校長，校長才可以代表學校、代表校長會或議會為教育界透過傳媒發聲，力陳正確的教育理念。

我一直認為，學校、校長、傳媒彼此之間是「水」與「舟」的關係，當彼此出現懷疑的罅隙時，就會出現「覆舟」的情況，但當彼此合作製造雙贏，就會創出「載舟」局面，最終做福教育界。

傳承篇

真誠關懷遠勝矯情禮物

為了讓上司留下好印象或是獲得升職的機會，職場上不少人會討好上司。如果以一間公司來比喻學校，校長就是「公司」的領導，老師則是「公司」的員工。不少老師面對自己的「領導」時，相信都會有個疑慮：「應唔應該討好領導嚟博取好感呢？」

切勿浪費時間討好他人

我的答案是：「切勿浪費時間討好他人，最重要是做實事、有表現。」因為「好印象」絕非靠阿諛奉承的表面功夫便得到青睞，始終能夠出任校長歷練必然豐富，誰是誠懇地表達建設性意見，誰只是美言討好，校長早已「心中有數」。

因此與校長相處，最重要是保持尊重的心態，以誠懇的言詞與校長溝通，徹底執行學校領導層訂立的政策。即使遇上不滿的地方，切勿立刻反唇相稽，在提出意見前，不妨先諮詢資歷較深的同事，再禮貌地向校長分享想法。

尊重並不是「一次性」的行為，而是任何時刻都要維持的態度。例如早上回到學校時，向你遇到的人說一句簡單的「早晨」時，是否看著對方的眼睛，發自內心地表示問候？抑或只是應酬式的客套句，「早晨」二字還未說完已經匆匆離開。從這些日常的習慣，會顯示出一個人的品格。

照辦煮碗學效每位前輩？

記得四十年前剛踏入教育界，對所有老師我都是以謙卑有禮的態度相待。因為我相信，每位前輩的教學和校務工作經驗都必然較我豐富，身為「新鮮人」理應保持事事求教的心態。

但是否要照辦煮碗學效每位前輩？初出茅廬的老師在這方面需要保持警惕。所謂「十隻手指有長短」，老師並不是倒模複製的機械人，每個人都有各自不完美的地方。自己要細心觀察前輩值得學習之處，並以尊重的心態接納前輩的缺陷，繼而引以為鑑，慢慢成長為青出於藍的教育工作者。

相信「新鮮人」遇到的難題會層出不窮，例如在校長生日時，在符合防貪條例下，自己與同事夾錢買禮物，如何才可以顯得自己不是矯情討好，而是向校長真誠表達祝福呢？

對此我的看法是：「非官方的事情，有先例就不可減，無先例就不可開。」因為富儀式感的慶祝活動，背後意義都是為繁忙的工作增添點綴。如果學校一直都有慶祝文化，同工之間又表示認同，「買禮物」就理所當然是種祝福。若原本並沒有此類習慣，打破常規地「買禮物」，就顯得太刻意討好了。

職場上的交往，最重要是真誠相待，體恤尊重校長和同工的付出，在日常工作上習慣由心而發地表示關懷，這樣的關心更勝於「大時大節」裡的一份禮物。

傳承篇

合格的校長傳承

不同年代有不同的挑戰，面對瞬息萬變的科技世代，如何配合甚至駕馭「改變」，成為所有人的功課。作為學校掌舵人，透過有效的決策及前瞻性的眼界，帶領學校走向創新的發展方向，是這一代校長最基本的能力特質。

退休前辦學團體負責人詢問我關於接任校長的建議。我觀察到，業界有許多年輕有為的教育工作者可以承擔此職，但誰人是「最適合」的人選呢？

避免陷入不「變」的情況

在任職聖雅各小學校長期間，我用了很多時間在學校重建及對外發展方面，重建工作早已經完成，我思考到有何範疇是我當時較少留意，但對學生的未來發展又至關重要的。

腦海首先出現的是 IT 數碼學習，在現代社會，IT 編程能力相等於學習中、英文般重要，社會及教育的發展趨勢，都離不開以數碼科技作為主軸。而追求進步的學校需要配合時代的變化，避免陷入不「變」的情況。

嚴格來説，我們甚至需要「駕馭」時代的變化。在了解普遍的發展趨勢後，建基於學校自身的基礎，調整出具聖雅各小學特色，又能夠接軌社會的教育方針，我認為這是未來接班人必須要有的能力。

雖然有人説：「小學生咁細，唔使咁早學習仲未用到嘅知識。」但科技變化難以估計，若學生年幼時建立到 IT 的基礎，開啟他們認識電子世界的大門，有助於學生未來的發展。

「男女大不同」的平衡思維

新任校長除了具備未來視野的特質，能否配合聖雅各小學的行政體系也是重要的。

在我的校長生涯裡，與我合作的副校長都是富有經驗的女性。但「男女大不同」，正因為存在「不同」，學校大小行政決策才能夠取得「平衡」，互補不足推動校務。

我在校長室接待一班小一新生到訪

我預計，未來一段時間聖雅各小學的行政高層都是以女性居多，與我在任時的情況相若。因此我提議辦學團體負責人，選任下任校長時可以考慮男士。因為決策團隊若同時有男性和女性，可以「中和」兩性的看法，從差異中取得共識，行政決定會更加平衡。

文化背景的無形考慮

回想當年暫別聖雅各小學，到靜山小學出任校長時，兩間學校的文化差異及學生背景的不同，讓我得花上一段時間適應，所以新任校長的經驗也是不容忽視。

在靜山小學期間，適逢遇上縮班潮，為了吸引學生入讀，我以聖雅各小學的經驗，提議開設受家長歡迎的樂器班，提升學生的音樂水平，增強學校的競爭力。

但是有同事告訴我：「唔得㗎，小提琴班學費貴，冇乜學生參加。」我猛然醒悟靜山小學普遍學生都是來自基層家庭，舉辦免費的課外活動才吸引到學生。

所以若新任校長原本工作的學校背景，與聖雅各小學相似，到任時就不會重蹈我當年的挑戰，減少磨合的時間，令家長相信新舊校長的更替會引領學校走向更好的發展。

經得起考驗的同事

校長能力再強，如果沒有適合自己團隊的支持，是無法有效帶領學校的。為此我與校監商討，將我退休前晉升教師的安排留待新校長處理，讓他可以親手挑選學校的行政團隊新成員。

或許有人認為，我的決定不近人情，退休前沒有安排下屬升職。從事教育四十載，我始終秉持「我們付出的努力和貢獻並不是為了晉升，而是教育專業是講求奉獻自己、服務學生，甚至是服務整個教育界」。

況且我對同事充滿信心，如果他們在「張勇邦時期」經得起考驗，只要他們繼續維持這份努力和心志，新任校長定然會委以重任。

回望退休至今，香港再次出現縮班潮，聖雅各小學在新任校長的帶領下仍然力保不失，無需縮班，堅守住五班小一的陣地。我想，這個校長的傳承也算是合格吧！

準確交棒的「逃兵」

優秀的接力賽運動員，除了需要恆常鍛練體能，維持比賽的體力，把握準確的時機完美交棒，更是影響接力隊勝負的關鍵。而我在退休前，便需要做好這個「接棒」的過程，籌劃如何將香港資助小學校長會的主席棒，在適當的時間交出，讓新任主席順利承接校長會的職責。

接任者需要過渡適應期

香港資助小學校長會主席職位並沒有任期限制，只要是在職資助小學校長，以及得到組織的會員支持，就可以擔當主席崗位直至退休。但是我深知健康的傳承，需要為接任者預備過渡適應期，所以我決定提前卸下主席職務，輔助新任主席處理校長會事務。

領導者是團體的核心，新舊更迭必然會令組織內外產生影響。但恰巧當時有許多業界議案和權益，校長會都在爭取的過程中。我不想「新人事新開始」時便發生狀況，導致原本按軌道進行的程序，因為更換了主席而要重新開始。

我因此提前退任，讓接班人可以代表校長會投入服務及參與各樣會議，與政府及其他業界組織建立關係。而我則退居成為新任主席的無形蔭庇，一來在實際會務上只在幕後幫忙，二來以自己的經驗與新主席分享如何分配公職時間。

不捨得、不適應

情感上我固然不捨得退任，因為在我校長生涯裡許多的公職服務、回憶、為業界發聲等，種種寶貴經歷都是校長會主席這個身分給予我的。想起無法再代表校長會為業界服務，確實不太適應。

不過我卸任主席職位，不等於我就此離開校長會，不再關心教育界的發展，反之只是角色與分工之別。例如：退任後，我會積極輔助新任主席適應這個職位；退休後，我作為名譽主席有更多時間觀察業界狀況，適切地提出專業意見。

「有捨必有得」，你可以說我是個「逃兵」，不願意承擔最後幾年的主席責任，但是我更在乎是如何準確地交出手上的「主席棒」，盡自己最大努力傳承積累的經驗。

「香港家書」裡的阿錦

張校長在香港電台節目「香港家書」信中的對象－家長阿錦，是否真有其人？有，不單只確有其人，她還曾經是張校長學生，她名楊錦，現在是兩孩之母。她現身說法，娓娓道來與張校長亦師亦友的寶貴情誼。

阿錦 (左二) 一家四口和穿童軍制服的張校長 (右二) 合照

「捨身救人」的老師

在阿錦的記憶中，張校長是位怎樣的老師？她腦海中第一個閃出的念頭是「捨身救人」。小五時，當時張校長還是她的體育老師，有次上課時，一位同學正在進行跳高練習，跳高輔助架上的鐵枝突然倒塌砸向同學。千鈞一髮之際，張校長不顧安危，立即撲向那位同學，並用手阻擋那枝鐵枝。

一轉眼，楊錦看見張校長手部血流如注，連運動衣也染滿血漬。當時張校長仍然十分鎮定，面帶微笑安慰學生：「我冇事，大家排好隊返課室先。」這個震撼的場面，楊錦至今都難以忘記。現在數十年後再次提起，她仍心有餘悸：「嗰刻我對張校長真係好敬佩，佢頭頂好似閃住英雄光環。」

她説：「張校長以學生嘅福祉置放喺首要位置嘅態度，深深影響到我，令我後來成為幼稚園老師後，都以張校長作為學習榜樣。」

用同理心接觸家長和學生

楊錦成為幼稚園老師後，因工作忙碌鮮有與張校長聯絡，直到一位小學同學結婚，找楊錦幫忙邀請張校長參加婚禮，她才「膽粗粗」打電話到聖雅各小學，看張校長是否還記得她這位舊生。怎料張校長很快就回電答應，並表示：「我當然記得妳，點會唔記得呀！」

從此，二人再續師生的情誼，張校長再次擔當起楊錦的生命領航員。當時她還未結婚，未有小孩子，面對家長頻頻提出他們子女「雞毛蒜皮」的問題，令到她心煩意亂。每當與張校長訴苦時，他都語重心長提醒：「阿錦，家長出聲一定有佢哋嘅原因，佢哋唔係同你對抗，大家都係為子女著想。」

張校長許多充滿智慧的教導，令到楊錦開始懂得站在父母的角度去思考，從而反思自己的教學心態，明白如何用同理心去接觸家長和學生，慢慢在教學上越發得心應手，成為了受歡迎的老師。

楊錦現在有一子一女，她毫不猶豫為他們報讀聖雅各小學，她表示：「我可以咁果斷做出決定，因為知道喺張校長眼中，學業成績唔係最重要，放喺首位嘅係培育學生嘅品德。呢個觀念我十分認同，令我好放心俾自己嘅小朋友去佢嗰度讀書。」

減慢腳步，享受生活

而且張校長對於任何意見都保持開放心態，會認真聆聽及處理。楊錦舉例：「當時我嘅女仲係幼稚園學生，我同張校長講自己好擔心 TSA 會加重個女嘅學業壓力。張校長聽完之後並唔係『左耳入右耳出』，竟然用行動去解開我嘅擔憂，喺『香港家書』節目講出我嘅憂慮，俾政府注意到我哋呢啲小市民嘅心聲。」

張校長在楊錦心裡是位智者，更是位良師益友，經常關心楊錦的子女。她分享：「我個仔好鐘意張校長，經常開玩笑叫張校長為『大佬』，而張校長也回敬一句：『細佬近排點啊？』」

楊錦亦「語重心長」的表示：「喺感激張校長之餘，我亦希望佢保重身體。我觀察到佢退休之後仲忙過以前，為教育界幾乎付出咗自己全部時間同精力，連頭髮亦越來越白。期望佢可以減慢腳步，多啲時間享受生活。」

側寫篇

影響一生的陪伴

在孩子的成長中，最好的禮物是甚麼？是新款的遊戲機？最時尚的運動鞋？對曾浩銘 (Denis) 來說，莫過於「陪伴」。一個關注的眼神、一句肯定的鼓勵，便足以承載起幼小的心靈。

一個還未完成的「心願」

定居於加拿大，已經成為專業營養師的 Denis，正是在小學時遇上張校長的用心陪伴，成就了他的一生。他表示：「如果冇遇到張校長，我估自己已經行上咗歪路。」

Denis 在小五時遇上了人生的十字路口，「當時媽媽計劃帶妹妹同我移居到加拿大，但係我就好希望留喺香港，完成埋小學課程。」驅使他作出這個決定，全因他還有一個還未完成的「心願」。

「我選擇留低嘅原因，旁人聽落應該會覺得好奇怪，因為我想成為童軍隊長。」原來 Denis 自從加入由張校長領導的童軍後，張校長一直支持、栽培和提點他，彷彿成為 Denis 的「第二個父親」。

第六隊隊長係......

因此當上童軍隊長這個心願，成為了當時 Denis 生命清單中的「最高優次」。但他坦言：「要成為童軍隊長有個不成文規定，就係要做過副隊長先可以升上去，但讀小六嘅我當時只係隊員。」

這樣看來，Denis 這邊廂不願意隨媽媽到加拿大，那邊廂卻朝著看似不可能的夢進發，也許他是懷著「博一博」的心態留港。皇天不負有心人，在張校長公布六個隊的童軍隊長時，前五隊的隊長名單對他都沒有「驚喜」，到宣佈第六隊隊長時，張校長説：「曾浩銘。」

Denis 至今仍然收藏由張校長送的禮物

二十多年後的今天回想起來，Denis 仍然難掩興奮之情：「我仲記得當時感覺就好似發緊夢，係自我懂性以來最深刻嘅人生里程碑。」

「我不再孤單」

張校長不只是 Denis 的恩師，更是他生命中不可或缺的「契爺」。Denis 咽哽地憶述：「媽媽同妹妹移民到加拿大後，我跟嫲嫲住，但係就充滿孤單感，認為係被遺棄嘅人。張校長嘅陪伴，俾我再次感受到愛，感受到有人關心。」

張校長除了用愛滋潤 Denis 的心靈，還經常帶他參加各種課外活動，支持和幫助他實踐夢想，慢慢建立起他的自信心，讓他放膽接受不同的挑戰。

這種鼓勵式的教育，潛移默化地傳承到 Denis 的育兒價值觀，他表示：「女兒喺加拿大好鍾意爬樹，好多父母見到都會好擔心。我雖然都擔心佢嘅安危，但發覺女兒對爬樹好有熱情，我唔單止冇阻止，反而喺樹下不斷鼓勵同支持，遇意外時隨時出手接住。」

從未缺席重要轉捩點

Denis 小學畢業後，至今仍然時常與張校長聯絡，即或他高中時和母親團聚，每當他返港亦會相約張校長見面。而且 Denis 每個人生的重要轉捩點，張校長都從未缺席過。

Denis 憶述：「我 2012 年大學畢業回港，張校長送咗一支筆俾我。我結婚時，佢送咗一對手錶俾我同我太太。呢兩份禮物對我意義重大，見證住我同佢多年嘅情誼。」他把這兩份禮物和護照放在一起，珍而重之收在衣櫃的櫃桶裡。每次他遠行拿護照時便會望一望，想起過往恩師對他的關懷。

如果以一段說話表達 Denis 對張校長的情懷，那他想說甚麼？他思索一會，再次咽哽表示：「張校長喺我人生中出現嘅時間，話長唔長話短唔短，但冇咗佢，就唔會成就到對得住自己專業、對得住家人、對得住朋友嘅曾浩銘。佢大大小小的指導同陪伴，影響咗依家嘅我。多謝你！張校長。」

側寫篇

香港小學界的瑰寶

古人云：「千金易得，知己難求。」我們一生遇人無數、識人百面，能夠遇上一位互補不足的好戰友，絕非易事。在何啟安校長 (Alex) 的教育生涯裡，感恩一直有張勇邦校長同行伴隨。大家從初出茅廬的小伙子，一起成長為專業的教育職人，互相扶持走過四十年的教鞭歲月。

互換角色結下不解緣

Alex 與張校長剛踏入教育大門，已經結下難解的緣分。明明 Alex 主修英文，張校長主修體育，但當年還未有專科專教的制度，有趣地二人互換角色，Alex 竟被安排多教體育，而張校長則多教英文。於是他們便經常「互通情報」，提醒對方課程的特點。

二人初出茅廬，對教育滿懷熱忱。Alex 回憶：「我哋認為既然揀咗教育呢行，就要完全投入，甚至不惜將自己嘅全部奉獻出嚟。」憑著這份衝勁，當年他們的上司張浩然總校長很看重二人，將創立聖雅各小學幼童軍團的重責交給他們。

二人毫無童軍經驗，但眼見張浩然總校長對他們的信任，唯有戰戰兢兢的「頂硬上」。這個決定亦成為了他們教學生涯的重要時刻，令二人從合作中建立出深厚友誼。在帶領幼童軍團多年中，栽培出一班親如子侄的「童軍仔」，直至現在還緊密聯繫。

Alex 分享了一個二人當年的趣事：「有次我哋去一間教育機構買咗兩件分別係二十四蚊同七蚊嘅物件，俾錢時同收銀員講：『二十四蚊加七蚊係三十六蚊』，收銀員奇怪又唔明白咁望住我哋。幾秒之後我哋一齊醒覺，大家都計錯呢條初小程度嘅數學，最尷尬係收銀員都知道我哋係老師！呢件瘀事，我哋到依家都記得。」

高質的 Deadline Fighter

問到 Alex 對張校長的印象，他毫不猶豫表示，張校長是位很有承擔的教育工作者，自願背負很多校內、校外的職務。「所以好多經佢手做嘅嘢都要到最後一刻先搞掂，成為名副其實嘅『deadline fighter』。」Alex 補充，雖然如此，但他工作成果都十分高質，從政府找他承擔那麼多公職便可見一斑。

長時間的接觸，Alex 和張校長可以說是「最佳拍檔」，只要認為某件事是有意義的，張校長一句：「一唔一齊去試下？」Alex 都堅定回答：「當然去！」

Alex 在校長崗位退下來後，出任聖公會教育副總幹事。他說：「近排我哋合作搞咗個中小學中層主任培訓，事前嘅準備功夫好繁複。經過多次商討後，我哋共識：做咗先算，細節嘅嘢見招拆招。呢份勇氣，絕唔係盲頭烏蠅亂咁嚟，而係我哋喺教育界耕耘多年所產生嘅默契。」

「我認為張校長是『香港小學教育界的瑰寶』」。Alex 說，他經常用私人時間承擔各種公職，這些付出從來不是為自己，而是為了優化香港的教育。Alex 舉例，他爭取提高小學教員專業待遇的一役中，過程漫長又遭受很多冷眼，但他從沒有放棄，憑著信念堅持下去，政府終於聽到小學界的聲音而進行改革。

Alex 感恩自己能夠與張校長相遇相知成為摯友：「佢實至名歸係我嘅良朋益友，到今日都經常為我排憂解難。佢更加係我哋小學界嘅光榮，令業界邁向更優質同專業嘅發展。」

張勇邦校長 (右) 仍在帶領幼童軍時和 Alex (左) 合照於童軍宴會上

後記

教師一向被稱譽為人類靈魂工程師，但四十年來我視自己只是育才苗圃上其中的一個園丁。樂於陪伴小朋友成長，看著他們升學就業、立德成才，心中就有無比的安慰和喜樂。1984 年第一份「園丁」工作，就在灣仔堅尼地道 110 號的聖公會聖雅各小學。

感謝上主的保守帶領，雖然經歷過不少跌碰起伏，四十年後我安然地從崗位退了下來。《穿越堅　離　地教育》正是我數十年來，在堅尼地道上對教育的所見、所聞、所思、所悟。

這本書得以面世，必須感謝為我寫推薦序的五位嘉賓。我投身小學教育界的唯一僱主就是聖公會，所以必須感謝陳謳明大主教。因為能夠在聖公會小學服務是我的福份，我眾多恩師都是聖公會響噹噹的師傅級校長。

接著要衷心感謝的是李子建教授。2022 年我從小學崗位退下來，他邀請我進入香港教育大學服務，繼續發揮我的「剩餘價值」。李教授在百忙中為我撰寫序，是我的榮幸。

第三位是梁柏賢醫生，他既是聖雅各小學舊生也是現任校董，十分感恩有機會在公職服務崗位上和他合作，更高興的是當我邀請他為我寫序，他二話不說便答應了。

另一位替我寫序文的是大家都非常熟識的羅乃萱師母。沒有師母就沒有這本書出現，在我退休前她已經鼓勵我退休後要出書談經驗説故事，出書的主意及初期的策劃也是師母為我安排的。

我更要感謝香港資助小學校長會主席鍾麗金校長，她非常支持這書的出版，亦是我多年在校長會合作的「戰友」，細閱《公職篇》中談及為小學同工爭取公平對待的經歷便可以略窺一二。

我又必須多謝校長會名譽會長朱天恒先生，他是聖雅各小學校友，他慷慨資助本書的出版成本。

最後要感謝願意接受訪談的何啟安校長，當中讚譽實在愧不敢當！還有每次回港都要與我相聚的「契仔」Denis 和有空就約我茶聚的阿錦，你們真摯的描述感動了我。看著這幾篇側寫文章，不期然讓我流下快慰的淚水！

當然要感謝本書的策劃及編輯林志成先生，以他的經驗將原本甚為鬆散零碎的故事，有機結合起來變得很有條理。還有明白我心意的容浩輝老師，很短的時間便為我度身訂做完成封面設計。

期望不論是老師、家長、同學、與教育相關或有興趣的朋友，讀本書後都能夠有點共鳴，有點啟發。

附錄一 小學教育專業新里程

2022年7月15日下午，不少同工在線上見證了立法會財務委員會一致通過了議程第十三項[FCR(2022-23)42]，就教育事務委員會於2022年5月6日支持下提出的議案：「改善公營小學中層管理人手，包括提升官立小學一百四十六個非首長級公務員職位的職級，並理順公營小學校長及副校長的薪酬。」

當這本書面世的時候是 2024 年 7 月，爭取多年較為合理的薪酬架構亦已落實。同工或許知道得來不易，但爭取過程中的困難、障礙和挑戰實在難以筆墨形容，盼望透過整理了近十年我親身經歷過的重要紀事，讓同工領略當中點滴。

2014年6月12日	津貼小學議會及香港資助小學校長會（兩會）與教育局時任常任秘書長謝凌潔貞會面，當日首要議程為「小學教職員薪酬及編制」。
2014年11月21日	於施政報告教育界諮詢會提出檢討：「中小學人員編制與薪酬架構」，由時任教育局局長吳克儉主持。
2015年1月29日	兩會代表與吳克儉會面提出上述議題作出討論。
2015年2月9日	教育事務委員會由時任主席林大輝主持，討論津小提交之意見書，當中關注到中、小學校長薪級表差距。
2015年10月4日	津貼小學議會、香港資助小學校長會、香港小學教育領導學會、香港初等教育研究學會（四會）聯合舉辦記者招待會，主題為「小學校長面對的挑戰研究報告」，得到傳媒廣泛報道，令社會大眾關注小學校長面對的挑戰及專業傳承問題。
2015年10月5日	由於兩會與林大輝會面交流，他於會議中提出：「津貼小學議會促請政府改善小學人事編制及職級架構」
2015年10月20日	兩會代表與吳克儉會面時再提出上述訴求
2016年4月11日	津小提交意見書予教育事務委員會討論：「小學人事編制及薪酬架構」，並獲一致通過：「本委員會要求教育局盡快就小學人事編制和薪酬架構進行檢討，並向本委員會報告有關檢討結果並作出改善建議。」
2017年7月1日	時任特首林鄭月娥上任，成立八大專責小組檢討教育工作。
2017年10月2日	四會聯合召開記者招待會：「還小學業界一個公道」。要求即時調整小學校長職級及薪酬架構以改善不合理情況，同時要求盡快改善副校長及主任職系令行政團隊獲得公平待遇。
2017年10月3日	四會代表與時任教育局局長楊潤雄、副局長蔡若蓮及政治助理施俊輝會面再提出上述訴求。
2017年11月	教師專業發展專責小組成立，當中重點檢討教師專業發展階梯及小學管理層的職級安排。津小、資小兩會積極研究具體方案，同時與局方緊密溝通並繼續團結業界。
2018年5月14日	四會代表邀請官立小學校長協會加入，「四會」變為「五會」後，更加了解局方對官立學校的考慮。
2018年7月	教師專業發展專責小組就檢討報告發出諮詢文件，五會鼓勵同工積極參與諮詢會以反映意見。
2018年7月17日	五會代表與楊潤雄、施俊輝及副秘書長黃邱慧清會晤，商討諮詢文件及業界的具體建議。
2018年9 - 10月	為了擴大團結，五會代表邀請香港副校長會及官立小學副校長會加入，「七會」代表了全港絕大多數小學校長和副校長爭取合理的專業認同。
2018年10月10日	林鄭月娥發表發表的施政報告中第一百六十四項承諾：「……政府會預留五億元經常撥款，以理順小學校長和副校長的薪酬，以及改善小學的中層管理人手，教師專業發展專責小組稍後會提交這方面的具體建議。」

2018年10月27日
七會向教師專業發展專責小組主席邱霜梅提交意見書並提出具體改善方案。

2018年12月12日
七會致函特首，期望於 2019 年財政年度落實小學校長副校長薪酬及 2019 年 9 月落實改善小學中層人手。

2019年3月26日
教師專業發展專責小組向教育局提交檢討報告並作出具體建議。

2019年3月27日
致函特首感謝支持業界訴求。

致函教育事務委員會尋求議員支持。

2019年3月29日
立法會教育事務委員會通過接納專責小組報告。

2019年6月11日
人事編制小組委員會通過建議，但因有議員反對並要求在財務委員會中再作討論。

2019年7月5日
原訂於財務委員會第二項議程討論上述議案，通過後於 2019 年 9 月新學年落實安排。但因 7 月 1 日立法會被破壞無法開會而暫停運作。

2019年7月15日
香港資助小學校長會、津貼小學議會、官立小學校長協會、香港副校長會、官立小學副校長會 (五會) 聯署致函楊潤雄，要求局方積極跟進有關議案。

2019年8月15日
教育局書面回覆表示原定計劃 2019 年 9 月落實有關議案的的具體措施，但因財務委員會仍須審議， 故落實有關措施日期須作修訂。

2019年12月19日
經歷社會動亂，不少批評歸咎教育出了問題，為使議案獲得議員支持，七會開始約見不同黨派的議員進行漫長而艱辛的「游説旅程」。第一位接見七會代表的是現任律政司副司長，時任民建聯副主席張國鈞，獲得他大力支持並先後多次安排多位其黨友議員與代表們會面。其後不論任何黨派或獨立議員，只要願意接見我們的七會都盡量安排會面。

2020年1月25日
由於新冠疫情，教育局宣佈延長春節假期。疫情亦影響經濟及民生，為顧及市民、議員、傳媒等反應，七會代表共識低調地與局方保持緊密聯繫。

2020年3月16日
七會致函林鄭月娥：「促請盡快通過理順小學校長及副校長薪酬及改善公營小學中層管理人手。」

2020年5月15日
七會再致函林鄭月娥及鄧霜梅，期望在7月立法會休會前議案獲得通過。

2020年6月12日
七會再聯絡張國鈞議員，由他牽頭再次安排議員會面爭取支持。

2020年7月10日
七會再致函時任林鄭月娥，促請落實 2018 施政報告的承諾。

2020年7月11日
七會藉「香港教育高峰論壇」向林鄭月娥遞交全港小學校長、副校長聯署聲明。

同日文匯報專訪七會召集人，標題為：張勇邦促政府盡快提交改善議案

2020 年度立法會休會前議案始終未能列入財務委員會議程內。

2020年9月10日
林鄭月娥在敬師日中承諾盡快將議案交財務委員會審議通過，以落實有關措施。

2021年3月8日
七會代表與楊潤雄會面商討議案跟進情況。

2021年3月11日
七會致函全港小學校長、副校長闡述議案情況。

2021年3月17日
七會致函中聯辦時任主任駱惠寧及時任副主任譚鐵牛尋求對業界支持。

2021年3月24日
七會致函林鄭月娥，期望她盡快落實有關議案。

2021年12月19日
立法會換屆選舉日，由於議案仍未被列入財務委員會議程內供審議通過，有關議案需在新一屆立法會重新闖三關：教育事務委員會、人事編制小組委員會及財務委員會！

2022年1月13日
七會代表與朱國強議員、鄧飛及教聯會黃錦良主席會面，期望加強合作促使上屆政府在任期內通過議案。

2022年5月6日
教育事務委員會以大多數支持通過議案。但由於唯一反對的議員是守第二關人事編制小組委員會主席。因此七會繼續約見議員，尋求獲得大多數支持。

2022年6月20日
人事編制小組委員會亦以大多數支持通過議案。但因未能趕及上屆政府任內提交財務委員會審議，議案需等待政府換屆後再處理。

2022年7月15日
議案最終獲得通過，為香港小學教育專業創下新里程。

2022年9月
新學年開始，小學副校長和校長們，你們不但獲得了較合理的待遇，更重要是獲取了專業的肯定！願大家不忘初心，團結互助，發揮正能量和領導力，為香港小學教育繼續努力作出貢獻！

穿越「堅離地教育」

張勇邦校長和你經歷跌碰起伏四十年

作者　張勇邦校長

策劃及編輯　林志成

協力　陳耀霆

設計　周珮晶
www.instagram.com/3rddays

封面　容浩輝

出版　印象文字 InPress Books
香港火炭坳背灣街 26 號富騰工業中心 10 樓 1011 室
(852) 2687 0331　info@inpress.com.hk
https://www.inpress.com.hk
InPress Books is part of Logos Ministries (a non-profit & charitable organization)
https://www.logos.org.hk

發行　基道出版社 Logos Publishers
(852) 2687 0331　info@logos.com.hk
https://www.logos.com.hk

承印　新堡印刷製作
www.symbolprinting.com.hk

出版日期　2024 年 7 月

產品編號　IB947X

國際書號　978-962-457-656-6

售價　港幣 125

印象文字網頁

刷次　10　9　8　7　6　5　4　3　2　1
年份　33　32　31　30　29　28　27　26　25　24